"Wir sind diejenigen, auf die wir gewartet haben."

—————————— BOTSCHAFT DER HOPI-ÄLTESTEN

BEGINN DES HOLOZÄNS
(NACHEISZEIT)
MENSCHEN ALS
JÄGERINNEN &
SAMMLER

DAMPFMASCHINEN
(INDUSTRIELLE
REVOLUTION)

HOMO HABILIS
(GESCHICKTER
MENSCH)

ARCHAISCHER
HOMO SAPIENS
(WISSENDER MENSCH)

MENSCHEN ALS
BÄUERINNEN
UND BAUERN
(JUNGSTEINZEITLICHE
REVOLUTION)

HOMO ERECTUS
(AUFRECHTER
MENSCH)

BEGINN DER
ENTWICKLUNG
DES MENSCHEN

MODERNER
HOMO SAPIENS

BEGINN DES
ANTHROPOZÄNS
(GROSSE BESCHLEUNIGUNG)

VOR 6 MIO
JAHREN

VOR 2,5 MIO
JAHREN

VOR
2 MIO
JAHREN

VOR
300.000
JAHREN

VOR
200.000
JAHREN

VOR
11.700
JAHREN

VOR
9.500 – CA. 4.000
JAHREN

VOR
200
JAHREN

VOR
70
JAHREN

Melanie Laibl ist studierte Übersetzerin und Kommunikationswissenschaftlerin. Sie arbeitet literarisch, journalistisch und werblich. In ihren Sachbilderbüchern bringt sie sorgsam recherchiertes Fachwissen in Verbindung mit sprachlichem Einfallsreichtum. Für diese anregende Art der Vermittlung wurde sie bereits vielfach ausgezeichnet, u.a. mit dem Junior-Wissenschaftsbuchpreis, dem EMYS-Sachbuchpreis und dem Kinder- und Jugendbuchpreis der Stadt Wien. Absolutes MINT-Herzensthema: die Natur(wissenschaften)!

Corinna Jegelka studierte Kunst und Philosophie in Dortmund sowie Kommunikationsdesign mit Schwerpunkt Film und Illustration in Aachen. Natur und Umweltschutz sind ihr wichtige Anliegen; ebenso die Frage, wie man Kindern diese Themen auf ermutigende Weise vermitteln kann. Ihre Bilder sprühen vor Ideen und guter Laune. Sie lebt mit ihrer Familie in Aachen.

„Mr. Anthropocene", Reinhold Leinfelder, ist Geologe und Geobiologe und forscht schwerpunktmäßig zum Anthropozän. Er studierte an der LMU München, promovierte und habilitierte sich an der Uni Mainz, bekleidete verschiedene Professuren an Universitäten in Stuttgart, München und Berlin sowie Direktorenämter für diverse Museen, u.a. das Museum für Naturkunde Berlin. Dem Anthropozän gilt seine forscherische Leidenschaft, neben wissenschaftlichen Publikationen kuratiert er Ausstellungen, partizipative Projekte und Wissenscomics.

Wie wunderbar ist es, wenn viele zusammenwirken!
Wir danken unseren Buch-Projektpartner*innen – allen voran Sabine Seidler und Carmen Sippl – für ihre beherzte Initialzündung und Ihr kluges Vernetzen:

Franzi(ska)

Momo (Mohammed)

Melanie Laibl & Corinna Jegelka

WErde wieder wunderbar

9 Wünsche fürs Anthropozän

= ZEITALTER DES MENSCHEN

Mit einem Vorwort
von Reinhold Leinfelder

Edition NILPFERD

Eva Adamovicz

Techno-Eugen

Die Unswelt und die möglichen Zukünfte

Geleitwort von Reinhold Leinfelder

Futtern wir die ganze Erde weg? Die wilden Tiere und Pflanzen, das ganze Land und auch noch das, was darunter liegt – Kalk und Sand für unsere Häuser und Straßen, Eisen, Aluminium, Lithium, um Maschinen, Autos und Computer daraus zu basteln und Kohle, Öl und Gas, um diese Geräte zu füttern. Ratzfatz, bald ist die Erde verputzt!

Aber stimmt dies wirklich? Und wohin führt das alles? Sehr viele Wissenschaftler*innen untersuchen dies. Darunter die Anthropozän-Forscher*innen – ich bin auch einer von denen. Anthropo-was? Anthropozän! So nennen Geolog*innen nun die neue Zeit, in der wir die Erde umkrempeln – übersetzt heißt Anthropozän „das menschengemachte Neue". Ja, ist schon neu, dass wir alles so stark und so enorm schnell verändern, Tiere, Pflanzen, Erde, Wasser, Luft, Klima … Wir untersuchen also, was dabei mit der Erde passiert und wie das mit uns, den Menschen, zusammenhängt. Auch untersuchen wir, woran man dies in Zukunft noch erkennen wird. Statt Dinosauriern und Ammoniten gibt es nun Technofossilien, also Plastik, Ziegel und Betonstücke oder Fetzen aus Aluminiumfolie, die in den Ablagerungen überliefert werden.

Wie können wir umdenken? Wie können wir falsche Entwicklungen zurücknehmen, beenden oder zum Guten wenden? Wie wollen wir leben? Und wie können wir diese bessere, gesündere, gerechtere und schönere Welt gestalten? Auch hierzu versuchen Anthropozän-Forscher*innen ihren Beitrag zu leisten, aber es kommt auf uns alle an. Wir müssen viel besser verstehen, dass wir nicht in einer eigenen, abgekapselten Welt leben, die von einer anderen, entfernteren, „der Umwelt" umgeben ist, dass wir Teil einer einzigen „Unswelt" sind.

Dazu gehören:

- **das Feuer** – die Sonne und ihre Energie, Gewitter, aber auch Kohle, Erdöl und Erdgas, die wir verbrennen;
- **die Erde** – der Boden, die Bodenschätze darunter, aber auch das, was auf dem Boden lebt: Pflanzen und Tiere (auch diejenigen, die uns ernähren) und auch wir selbst;
- **das Wasser** – Lebenselixier aller Lebewesen, Lebensraum vieler, Wettermacher, aber auch Energieträger, so dass wir Wasserkraft nutzen können;
- **die Luft** – Lebensraum für wieder andere, Wind, der uns kühlt oder wärmt, aber auch Windenergie liefert, Luftschwingungen, die uns hören lassen, Sauerstoff zum Atmen, Licht, das durch die Luft zu uns gelangt, aber auch viel zu viel „fossiles" Kohlenstoffdioxid, welches unser Klima ändert und den Meeresspiegel steigen lässt.

Nun geht's aber voran, nicht wahr?
Wie, wir können uns eine gute Zukunft gar
nicht mehr richtig vorstellen?
Schon wahr – sich etwas zu wünschen, das
man nicht kennt, ist nicht einfach. Also, dann
stellen wir sie uns vor, diese schöne Zukunft!
Mit Bastellaboren, um etwas Neues auszupro-
bieren, mit eigenen Beobachtungen in der
Natur, mit Reallaboren und anderen gemeinsamen Projekten zum Schutz unserer Unswelt.

Und eben auch mit Büchern wie diesem hier.
Ein Buch, das darlegt, wie die Dinge stehen,
und aufzeigt, welche Möglichkeiten wir haben,
diesen Zustand zum Besseren zu verändern.
Ein Buch, das uns Mut macht, mitzuhelfen,
damit die Erde eine lebenswerte, sichere und
schöne Heimat bleibt – die einzige, die wir
haben.

Die Sphären der Erde

Die natürlichen Gegebenheiten auf unserem Planeten
lassen sich in unterschiedliche Bereiche (Sphären) zusammenfassen:
in die feste Gesteinshülle der Erde (**1** Lithosphäre), in die Gesamtheit der
Böden auf der Erde (**2** Pedosphäre), in das Wasser der Ozeane, Seen, Flüsse
und Gletscher (**3** Hydrosphäre), in den belebten Teil der Erde (**4** Biosphäre)
und in die gasförmige Hülle (**5** Atmosphäre). Die (**6**) Technosphäre hingegen
enthält ausschließlich „Menschengemachtes": alles, was wir auf der Erde
jemals geschaffen und gebaut haben bzw. nach wie vor schaffen und bauen.

5 ATMOSPHÄRE

4 BIOSPHÄRE

2 PEDOSPHÄRE

TECHNOSPHÄRE **6**

1 LITHOSPHÄRE

3 HYDRO-
SPHÄRE

UNSER PLANET

Erdlinge, bitte kommen!

An einem ganz normalen Freitag, irgendwo auf der Erde. Die 3b lernt gerade die Planeten kennen.

❗ „Erde" kommt vom germanischen „Erda" (Erde, Grund). Die zuständige Göttin war „Mutter Erde", anderswo bekannt als „Pachamama" oder „Gaia".

❗ Mehr als zwei Drittel der Erde sind mit Wasser bedeckt. Davon hat sie ihre Spitznamen: „Blauer Planet" oder „Blaue Murmel".

❗ An Bord der ersten Raumsonden waren die „Pioneer-Plaketten" montiert: Bildbotschaften als Gruß an mögliche Außerirdische.

Lebenswert und liebenswert

Sie ist nur ein Planet von vielen. Und doch ist sie unser Ein und Alles: die Erde. Soweit wir wissen, können wir Menschen nirgendwo anders im Universum leben. Nur auf der Erde finden wir Böden, die uns mit Nahrung und anderen Schätzen versorgen. Nur hier gibt es Luft zum Atmen und Wasser zum Trinken. Nur hier herrschen noch die genau richtigen Temperaturen. Warum die Erde perfekt zu uns passt und wir wiederum perfekt zur Erde passen, ist eine lange Geschichte.

In Tausenden, Millionen, ja, Milliarden von Jahren hat sich unser Planet immer wieder verändert. Jede dieser Veränderungen hat etwas durcheinandergebracht und danach neu geordnet. Bis alles auf der Erde ineinandergriff

wie ein Puzzle mit unvorstellbar vielen Teilen. Kreisläufe sind entstanden, die den Lebensraum auf dem uralten Planeten frisch gehalten haben. Dazu haben sich Pflanzen und Tiere entwickelt, und schließlich wir Menschen – mit unserer Lust am Lernen.

Wir konnten nicht anders: Wir haben Puzzleteile herausgenommen, um sie näher zu betrachten. Nicht alle sind danach wieder an der ursprünglichen Stelle gelandet. Manche wurden vertauscht, andere gingen verloren. Inzwischen ist klar, dass wir achtsamer mit der Erde umgehen müssen, wenn wir weiter auf ihr leben wollen. Zwar starten immer wieder Expeditionen ins Weltall, auf der Suche nach einem Plan(eten) B. Aber ist es nicht sinnvoller, schon heute ein gutes Leben für alle zu sichern, auf unserer geliebten „Blauen Murmel"?

DAS ZEITALTER DES MENSCHEN

❗ Forschungsväter des Anthropozäns sind die Wissenschaftler Paul J. Crutzen und Eugene F. Stoermer.

Projekt Anthropo10

Einen Atemzug später, im Klassenzimmer der 3b.

Du willst also von uns lernen.

Eher **über** euch. Und die Erde. Projekt Anthropo10. **Hier.**

Ein Display! Faszinierend!

Es ist uns **eine Ehre …**

? … dass du in unserer Schule gelandet bist.

Zufallsgenerator.

Jedenfalls bist du ziemlich mutig.

So allein unter Menschen, äh, Erdlingen …

Aber wir bestehen doch alle irgendwie aus Teilchen.

Außerdem kennst du uns ja schon ein bisschen.

Da steht's: „Erde für Anfänger: ein Ratgeber"

Da drin gibt es sogar einen **Witz.** Anscheinend mögt ihr so was.

Und wie! **Dafür** ist immer Zeit!

Treffen sich zwei Planeten. Fragt der eine: „Du wirkst irgendwie unrund. Geht's dir nicht gut?" Seufzt der andere: „Ich bin total verschnupft. Muss mir wohl Erdlinge eingefangen haben."

Hihi. Der ist wirklich kosmisch.

Oje! Sind wir wirklich so schlimm?

Aussehen Ernährung Besitz
Wissen Lebensweise Alter Wohnort Glaube
Hautfarbe Wünsche Geschichte Augenfarbe Geschlecht Haartracht Kultur
Möglichkeiten Einfluss Sprache Kontinent Humor Vorlieben Freiheit
Diversität Stärke Familie Kleidung Bedürfnisse
Geschmack Vielfalt Freunde Energie
Tradition Lebensmut Talent Beruf

Wer sind wir?

Lieder
Geschichten
Werte

❗ Anthropozän bedeutet „das menschengemachte Neue"

Das Anthropozän verstehen

Wir Menschen sehen uns gerne als die „Krone der Schöpfung". Wichtiger und mächtiger als alles um uns herum. Dabei sind wir relativ neu auf der Erde. Der Naturforscher John Maynard Smith hat dafür einen verblüffenden Vergleich: Wenn wir uns die Geschichte der Wirbeltiere als einen 2-Stunden-Film vorstellen, kommt der Mensch erst in der allerletzten Minute ins Bild. Weit nach den Vögeln, Fischen, Amphibien, Reptilien und Säugetieren. Noch dazu waren die ersten Menschen weniger entwickelt als wir es heute sind. Sie stellten zwar Werkzeuge her, doch ihr Gehirn war noch nicht so klug und kreativ wie unsere Denkmaschinen. Erst mit dieser Vorstellungskraft konnten wir das Leben auf der Erde immer mehr und tiefgreifender gestalten.

Inzwischen gibt es kaum einen Ort, an dem wir keine Spuren hinterlassen haben. Wir sind eine Naturgewalt geworden, die den Planeten formt. Unser Einschnitt in die Erdgeschichte ist so tief, dass Forscherinnen und Forscher ein neues Erdzeitalter ausgerufen haben. In ihren Augen ist das Holozän zu Ende – die so genannte Nacheiszeit, mit ihren relativ stabilen Umweltbedingungen. Es wurde längst vom Anthropozän abgelöst. Diese neue Phase in der Erdgeschichte ist direkt nach uns Menschen benannt, weil unsere Fußabdrücke messbar sind. Bis hinauf ins Hochgebirge und bis hinunter in die Tiefsee findet man menschliche Spuren: im polaren Eis genauso wie in Steinen, Sand und Schlamm. Mit Beton oder Plastik haben wir sogar „steingleiche" bzw. „fossilgleiche" Materialien geschaffen, die sich kaum zersetzen. Weltweit tauchten sie erstmals vor ungefähr 70 Jahren auf, und das in rauen Mengen. Eine einzige „Große Beschleunigung"! Sie wurde als offizieller Startpunkt des Anthropozäns vorgeschlagen.

❗ 22. April ist „Earth Day" (Tag der Erde).

Ein neues Erdzeitalter

Nach Jahrtausenden mit vergleichsweise stabilen Umweltbedingungen im Holozän geht es ab 1950 steil bergauf: Nicht nur mit dem Wissen und den Fähigkeiten der Menschheit, sondern auch mit den Treibhausgasen, den Temperaturen, dem Meeresspiegel und dem Verlust von Tier- und Pflanzenarten. Die plötzlich ansteigende Linie, die den Wechsel ins Anthropozän anzeigt, sieht aus wie ein Hockeyschläger. Darum spricht die Wissenschaft von einem „Hockeyschläger-Effekt"!

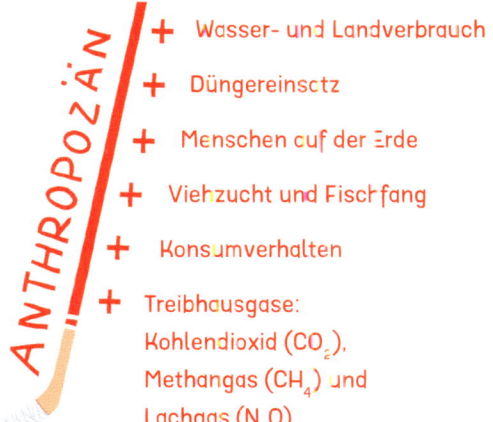

ANTHROPOZÄN

+ Wasser- und Landverbrauch

+ Düngereinsatz

+ Menschen auf der Erde

+ Viehzucht und Fischfang

+ Konsumverhalten

+ Treibhausgase: Kohlendioxid (CO_2), Methangas (CH_4) und Lachgas (N_2O)

HOLOZÄN

5 NACH ZWÖLF

vor 11.700 Jahren: Beginn des Holozäns (Nacheiszeit)

vor 9.500 bis ca. 4.000 Jahren: Jungsteinzeitliche Revolution

vor 200 Jahren: Industrielle Revolution

vor 70 Jahren: Große Beschleunigung, (vorgeschlagener Beginn des Anthropozäns)

IN UNSERER NATUR

! Nur maximal ein Viertel des eisfreien Festlands kann noch als Urnatur bezeichnet werden.

Irdischer Ordnungstick

Der Witz des Außerirdischen hat gesessen. Nach einigem Schlucken und Schuhspitzenstudieren ...

Jedenfalls schön, dich hier zu haben.

Wir sind die 3b.

Namaste!

Und wer bist du?

?

Hier steht ein Code: **A.I.D.** Außer-Irdischer Dauergast?

Anthropo10-Identität Nummer 675241532067924,6871037.

Das merk ich mir **nie.**

Wir können dir einen Namen geben, wenn du das möchtest.

Fred vom Jupiter!

Major Tom!

Starman!

Commander **Spock!**

Luke Skywalker!

Die gibt es doch schon.

Dann halt „Udo mit dem UFO"!

Was, wenn ER eine SIE ist?

Galaktika vielleicht?

Astra?

Lura?

Stella?

„Marty" würde passen.

Marty!?!

Klingt total **planetig.**

Jetzt kriegt Marty noch einen Platz, und alles ist in bester Ordnung.

Hier bei mir!

Hi, ich bin Ben.

Und ich bin ... äh ... Marty ..

Ist das dein Erdanzug?

Yep. Und mein Erdhelm. Bei mir daheim ist die Luft ganz anders ...

... dort, in den unendlichen Weiten.

Zischender Kometenschweif!

Was für eine Reise!

Schneller, höher, stärker

Biologisch betrachtet sind wir Menschen nichts anderes als eine Wirbeltier-Art. Höher entwickelt als andere, aber jedenfalls Teil der Natur. Dass wir uns derart breitmachen konnten, verdanken wir einer Mischung aus Glück und Verstand. Unser Glück ist, dass seit unserem Auftauchen auf dem Planeten kein Naturereignis stattgefunden hat, das eine Bedrohung für die gesamte Menschheit gewesen wäre – nichts in der Dimension des Asteroideneinschlags, der vor 66 Millionen Jahren die Dinosaurier ausgelöscht hat. Gegen die übrigen Bedrohungen hilft uns seit jeher unser Verstand. Er ließ uns Jagdwaffen entwickeln, Vorräte zusammentragen und schützende Kleidung aus Häuten und Fellen anlegen.

Kaum waren wir nicht mehr hauptsächlich mit Überleben beschäftigt, wollten wir mehr. Wir wollten erfinden und entdecken! Unser Wissen wuchs, und wir sammelten, ordneten und teilten es. Dabei wurde auch die Natur sortiert und in Schubladen gesteckt: harmlos oder bedrohlich, schön oder hässlich, nützlich oder schädlich. Vor lauter Neu-Gier vergaßen wir, auf das Urwüchsige, Urtümliche und Ureigene zu schauen. Auf das, was unsere Umwelt ausmacht. Inzwischen sind zahlreiche Lebewesen um uns herum vom Aussterben bedroht oder für immer von der Erde verschwunden. Vielerorts gibt es mehr Umweltschmutz als Umweltschutz. Doch es ist noch nicht zu spät, einen „Schritt zurück" zu tun, bevor wir ganz mit der Natur aufräumen – und sie womöglich mit uns.

❗ Das Wort „Natur" leitet sich von lateinisch „natura" ab (Geburt, natürliche Beschaffenheit, Wesen, Charakter).

Was ist die Natur für uns?

Spielwiese grüne Lunge Lehrbuch Gefahr Sportplatz Fotomotiv Erholungsraum Selbstbedienungsladen Schmuckstück Zeitvertreib Risiko Wunderkammer Lebensgrundlage Duftwolke Speisekammer Klangkonzert Wildnis Unordnung Wetter Rohstofflieferantin Glaube Religion

Was sind wir für die Natur?

Lebende Atmende Essende Trinkende Ausscheidende Gestaltende Einschränkende Gäste Vorwaltende Bewahrende (Aus)Nutzende Planende Säende Gärtnernde Herrschende Grabende Schöpfende Wohnende Bauende Verändernde Zerstörende Ordnende Hütende Tötende Zähmende Züchtende Erntende Kultivierende Raubende Rettende Ausbeutende Richtende Bewundernde Mitwirkende Ackernde Pflegende

❗ Kultivieren kommt von lateinisch „colere" (pflegen, urbar machen). Kultur von „cultura" (Pflege von Ackerboden).

Was wäre, wenn wir die Natur
wieder schätzen lernten?
Wäre es dann einfacher,
sie zu schützen?

Es gab eine Zeit, da waren wir Menschen eins mit der Natur. Unsere Geschichten
erzählten von einer belebten Welt voller fühlender Wesen, die zauberhaft waren und
furchteinflößend zugleich. Wir verstanden uns als Teil eines großen Ganzen, dessen
Geschenke es zu bewundern und dessen Gewalten es zu besänftigen galt.

BODEN
Ein reicher Schatz

! „Seltene Erden" sind Metalle mit extrem knappen Vorkommen. Ohne sie läuft jedoch kein Smartphone und kein Tablet. Entsprechend rasch gehen sie zur Neige.

Buddeln für den Planeten

Wochenende und Sonnenschein. Da könnte man die Schule auch mal Schule sein lassen. Theoretisch.

Ahoi, Marty. Gut geschlafen?

Jo. Und jetzt: blau machen auf der Blauen Murmel!

Hier kommt Frühstück. Ich hoffe, du magst vegan?

Ist heute nicht das, was ihr „frei" nennt?

Schon. Aber Stefan und ich wollen endlich den neuen Schulgarten abstecken.

Weniger Beton, mehr Dreck unter den Fingernägeln!

Dreck? Was ist das?

Na, Erde. Komm mit, wir zeigen's dir.

Eva und ich werden erst mal umgraben. Den Rest macht die Klasse dann gemeinsam.

Lernen kann man nämlich überall. In der Schule, im Garten …

… und doppelt gut in einem **Schulgarten.**

Die Kinder haben alles so toll geplant!

Gemüsebeete! Beerensträucher! Schmetterlingswiese! Kräutertöpfe! Mini-Teich! Insektenhotel! Fledermauskasten! Igelhaus! Komposthaufen! Regenwurmkiste! Hochbeete! Vogelbad! Bienentränke!

Das geht natürlich nicht von jetzt auf gleich. Pflanzen und säen muss man schon.

Und den Boden vorbereiten. Also, die **Erde** …

Erde. Wo ich herkomme, ist so was selten.

Selten, wie Schätze nun mal sind. Los geht's, vielleicht finden wir einen.

Die Geschichte des Bodens

Bei seiner Geburt war unser Planet vor allem eines: steinig. Doch die Kräfte der Natur machten seine Oberfläche abwechslungsreicher. Wind und Wasser teilten Felsbrocken in Steine, zerkleinerten Steine zu Kies und zerbröselten Kies zu Sand. Auf diese karge Schicht kam fruchtbarer Boden. Humus. Er häufte sich mit den ersten Lebewesen an, die fleißig verdauten und irgendwann eins mit der Erde wurden. Das war die ideale Grundlage für oberirdische „Bodenschätze", wie die dichten Wälder der Altsteinzeit. Wir Menschen konnten dort nach Herzenslust Bären jagen und Beeren sammeln. Außerdem ernteten wir Holz. Aber immer nur so viel, wie wir für ein Feuer oder unsere Werkzeuge benötigten.

Was für ein Vorbild in Sachen Nachhaltigkeit! Doch das änderte sich schnell. Schon in der Jungsteinzeit rodeten wir riesige Waldflächen, um Boden für Äcker, Weiden und Häuser freizumachen. Gleichzeitig arbeiteten wir uns zu den unterirdischen Bodenschätzen vor. Wir bedienten uns mit beiden Händen und wechselten so von der Steinzeit in die Kupferzeit und weiter in die Bronze- und Eisenzeit. Jetzt, in der „Beton- und Plastikzeit", werden die Rohstoffe langsam knapp. Speziell Metalle, Gestein und fossile Brennstoffe (Erdöl, Erdgas und Kohle) sind in der frühen Erdgeschichte entstanden und einmalig. Einmal aufgebraucht, wachsen sie nicht nach. Was die Welt dringend braucht, ist weniger Tempo. Wir wollen sparsamer mit den Ressourcen umgehen, die nicht erneuerbar sind. Und die erneuerbaren gesund halten und pflegen.

❗ Der „Earth Overshoot Day" (Erdüberlastungstag) macht bewusst, ab wann wir mehr nachwachsende Ressourcen verbrauchen, als der Planet nachliefert. 2021 war das am 29. Juli.

❗ In einer Handvoll Walderde finden sich Milliarden vielfältigster Bodenlebewesen: von Bakterium bis Regenwurm.

Geschlossener Stoffkreislauf: Humus

1 Organische Überbleibsel werden von

2 hungrigen (Boden-)Lebewesen verarbeitet.

3 Was sie verdauen bzw. ausscheiden,

4 liefert nährstoffreichen Erdboden.

5 Natürliche Einschlüsse von Eisenknollen.

Der 1. Wunsch fürs Anthropozän

Heute sind wir knapp 8 Milliarden Menschen auf der Erde. 2050 könnten es 10 Milliarden sein. Dann bräuchten wir theoretisch drei Planeten, um allen ein lebenswertes Leben zu ermöglichen.

Was kann ich tun?

Mülltrennung

Gut gedacht: Versiegeln verboten
Wenn freie Erde mit Asphalt oder Beton zugepflastert wird, ist sie als Lebensraum und Nahrungsquelle auf lange Zeit verloren. Brauchen wir wirklich noch mehr Straßen und Einkaufszentren oder brauchen wir einen Bodenschutz-Vertrag mit strengen Regeln? **Nur Mut –** zum Wegesparen! Auch das Geschäft um die Ecke und der Wochenmarkt können „Shopping-Paradiese" sein.

Wie wunderbar wird es, wenn wir den Boden

! Das höchste Holzhaus der Welt steht in Wien. Das Holz für seine 24 Stockwerke wächst innerhalb von einer Stunde und 17 Minuten in Österreichs Wäldern nach.

Gut gedacht: Ganz schön fossil
Plastik gilt als unverzichtbar, weil es gleichzeitig leicht, formbar und stabil ist. Dieselben Eigenschaften haben inzwischen Bio-Kunststoffe auf Basis von Mais, Kartoffeln oder Rüben. Sie können alles, was Erdöl-Plastik kann. **Nur Mut –** zum Umsteigen! Viele typische Plastikprodukte gibt es auch aus nachhaltigen Materialien.

„uralt" Smartphone — eigene Trinkflasche

Was machen wir mit dem Boden?

umgraben bewässern
bebauen düngen
verfrachten roden pflügen
kultivieren
Bodenschätze abbauen
beleben begrünen lassen
trockenlegen verwildern verdichten
versiegeln

Kompost-Dünger

Schutz von Bodentieren

! 1 m² gesunder Boden kann eine ganze Badewanne voller Wasser aufnehmen.

! Deutschland versiegelt derzeit eine Fläche von 100 Fußballfeldern – pro Tag!.

mit Bedacht nutzen!

👍 **Gutgemacht: Bodenbewirtschaftung? Bio-öko-logisch!**
Immer mehr Bauernhöfe stellen auf biologische Land- und Viehwirt-schaft um. Sie verzichten auf Kunstdünger, Unkrautvernichtungs- und Schädlingsbekämpfungsmittel. Das schont den Boden und hält ihn lebendig, gut durchlüftet und fruchtbar.

💡 **Gut gedacht: „Bodenfresser" Fleisch**
Unser Fleischkonsum verbraucht viel Bodenfläche. Für Weiden und Felder mit Futtergetreide! Auf einer Fläche, die zwei Menschen mit Rindfleisch oder Lamm ernährt, könnten mit Reis oder Kartoffeln 20 satt werden. **Nur Mut –** zum Pflanzenbraten! Wenn Fleischgenuss wieder zum Sonntagsprogramm wird, ändert sich auch die Bodennutzung.

👍 **Gutgemacht: Zauberwörter mit „Re-"**
Aus dem Vorbild der natürlichen Kreisläufe haben wir technische entwickelt. Mit ihnen sparen wir Bodenschätze: Etwa, wenn wir elektronische Bauteile von Computern recyceln oder beim „Urban Mining" (städtischer Bergbau) Steine, Ziegel und Metall aus Abbruchhäusern wieder-verwenden.

WASSER
Ein Quell des Lebens

❗ Das Wasser auf der Erde ist vorwiegend salzig. Nur 3% davon sind trinkbares Süßwasser. Das meiste davon ist in Eis gebunden.

❗ Das Salz im Meer löste sich aus dem Gestein der Ur-Ozeane und der Ur-Kontinente – ein Vorgang, der durch Verwitterung bis heute anhält.

❗ Süßwasser ist unser wichtigster Rohstoff. Nur wenig davon trinken wir tatsächlich. Der Großteil fließt in die Landwirtschaft.

Ein blaues Wunder

Der Schulgarten wächst und wächst. Doch damit er auch gedeiht, muss fleißig gegossen werden. Am besten gleich.

Die Geschichte des Wassers

Wie das Wasser auf die Erde kam, ist noch nicht ganz geklärt. Vermutlich brachten es Kometen mit – Himmelskörper aus Staub und Eis. Sie schlugen über lange Zeit massenhaft auf der Erde ein. Dazu kam Kristallwasser, das Vulkanausbrüche aus dem Erdinneren nach oben beförderten. So wurde aus einem grauen Planeten nach und nach ein blauer. Mit einem Wasservorrat, der heute exakt derselbe ist wie in den frühen Tagen der Erdgeschichte. Wir trinken im Grunde also „uraltes" Wasser. Eine Flüssigkeit, die schon von unzähligen Wesen vor uns geschluckt und ausgeschieden wurde. Von Säbelzahntigern genauso wie von Mammutbäumen. Frisch bleibt es durch einen natürlichen Kreislauf, in dem es ständig andere Formen annimmt: Wasserdampf, Nebel, Wolken und Niederschläge wie Regen, Schnee oder Eis.

Wo Wasser ist, ist Wachstum. Wasser kann uns Menschen aber auch lästig oder gefährlich werden. Darum verändern wir Flussläufe, befestigen Uferzonen mit Beton, errichten Schutzwände gegen Hochwasser und Sperrwerke gegen Meeres-Sturmfluten. Gleichzeitig haben wir Wasser als Quelle von erneuerbarer Energie entdeckt. Wir stauen es auf, um seine Kraft zur Stromgewinnung zu nutzen. Etliche dieser Eingriffe haben dazu geführt, dass der natürliche Wasserkreislauf zu eiern beginnt. Sand und Steine finden nicht mehr ihren Weg an den Strand, weil sie an Dämmen hängen bleiben. Erwartbare Überschwemmungen, die Jahr für Jahr nährstoffreichen Schlamm auf den Feldern verteilen, bleiben aus. Gleichzeitig bringen Landwirtschaft und Industrie Stoffe ins Wasser, die dort nichts verloren haben. Wir wollen alles tun, damit der lebenserhaltende Kreislauf wieder rund läuft.

Geschlossener Stoffkreislauf: Wasser

1 Sonne verdunstet Wasser. – 2 Wasserdampf bildet Wolken.
3 Wolken regnen ab. – 4 Wasservorrat wird aufgefüllt.

Der 2. Wunsch fürs Anthropozän

Wasser ist Lebensraum für viele Tiere und Pflanzen – und Lebensgrundlage für uns Menschen. Wir brauchen es in Mengen, und vor allem möglichst unbelastet.

Wie wunderbar wird es, wenn wir Wasser als Wert betrachten!

💡 Gut gedacht: Verstecktes Nass

Wie durstig ist ein T-Shirt? Wie viel trinkt Tomatenketchup? In die Erzeugung von Kleidung und Lebensmitteln fließen erstaunliche Wassermengen. **Nur Mut –** zum bewussten Kaufen! Selbstgekochtes aus regionalen Zutaten und lang getragene Lieblingsstücke schrumpfen den Wasser-Fußabdruck.

⚠ 1 kg Kakaobohnen = 27.000 l Wasser
1 kg Weizen = bis zu 4.000 l Wasser
1 Apfel = 70 l Wasser
1 Baumwoll-T-Shirt = 2.500 l Wasser
1 Jeans = 6.000 l Wasser

💡 Gut gedacht: Mit Plastik aufräumen

Mittlerweile gibt es keine Natur mehr ohne Plastik. In winzigen Teilchen, Mikroplastik, liegt es sogar auf dem Mount Everest. Im Gegensatz zu den Plastikstrudeln im Meer lässt sich Mikroplastik nicht beseitigen. Vermeiden können wir beides. **Nur Mut –** zum Kleinanfangen! Liegen- oder fallengelassener Plastikmüll muss weg von Gehsteigen, Wäldern und Ufern. Mehrweg-Flaschen und verschiedenste Plastik-Alternativen reduzieren den Bedarf.

Was machen wir mit dem Wasser?

klären umleiten entsalzen säubern trinken verschwenden abgraben verschmutzen heraufpumpen befischen abfüllen desinfizieren vergiften filtern übersäuern auftauen sammeln

❗ **Lässt sich Meerwasser in Trinkwasser verwandeln?** In Entsalzungsanlagen werden die Salzteilchen ausgesiebt oder mit einer Art Magnet aus dem Wasser gezogen.

💡 **Gut gedacht: Wasserstopp**

Süßwasser ist kostbar. Speziell in den heißen Monaten gehen wir oft an die Reserven. Für wasserknappe Zeiten hat Südafrika spezielle 2-Minuten-Duschsongs aufgenommen. Sie geben ein Gefühl für einen fairen Wasserverbrauch.
Nur Mut – zum Wassersparen! Duschen verbraucht weniger als Baden und ein laufender Wasserhahn beim Zähneputzen ist pure Verschwendung.

Duschsong auf Seite 59 runterladen und losduschen!

❗ **Abgefülltes „Tafelwasser" kann aus der ganzen Welt stammen.** Besser sind regionale Quellen.

👍 **Gutgemacht: Ziemlich sauber**

Vor der Erfindung von Kläranlagen wurde Abwasser ungereinigt in die Flüsse oder ins Meer geleitet. Inzwischen filtern immer mehr Länder umweltschädliche Stoffe heraus. Das klappt gut, bis auf bestimmte Rückstände von Waschmitteln und Medikamenten und den Abrieb von synthetischer Kleidung (Mikrofasern).

👍 **Gutgemacht: Beinahe wie früher**

Flüsse mit natürlichem Lauf sind heute selten. Mal wurden Nebenarme abgeschnitten, mal Schlingen geradegebogen. Doch immer öfter heißt es: zurück zum Urzustand. Donau und Rhein sind abschnittsweise bereits „renaturiert" (rückverwildert), bestimmte Außereiche der Donau schützt zusätzlich ein Nationalpark.

LUFT
Ein pures Wunder

Hitziges Hin und Her

Ein Austauschprogramm ist dazu da, dass man voneinander lernt. Die 3b zeigt, was sie weiß.

Und?
Nach wem ist unsere Schule benannt?

Paul... oh nein, hab's vergessen!

He, ich war zuerst!

Paul Crutzen!

Der heißt aber „Cruuusen", mit langem „U"!

Aber schreiben tut man ihn mit „tz"!

Und was war er von Beruf?

Ein Wissenschaftler!

Ein Alleswisser!

Stimmt.

Er hat sogar einen Nobelpreis bekommen.

Wofür genau?

Für die Erfindung vom Anthropozän?

Nicht ganz, Momo. Aber es hat damit zu tun.

Paul J. Crutzen hat das Ozonloch entdeckt!!!

Der Ben schummelt!

Moment mal! Einsagen gilt nicht!

Ich will auch neben Marty sitzen, der ist schlau!

Zu mir, Marty, zu mir!

Nein, hier!

So, alle mal tief durchatmen! Wir sollten was fürs Klassenklima tun.

Ziemlich dicke Luft hier. Fenster auf?

Nein, **Schulausflug.** Ich habe auch schon eine Idee ...

Die Geschichte der Luft

Sie ist unsichtbar – und unverzichtbar. Ohne die Atmosphäre (von griechisch „atmós", Hauch und „sphaira", Kugel) gäbe es kein Leben auf der Erde. Zumindest nicht in der bekannten Form. Die gasförmige Planetenhülle hat sich früh in der Erdgeschichte gebildet. Damals spuckten noch überall Vulkane. Aus ihnen entwichen Kohlendioxid, Stickstoff und Wasserstoff. Urtümliche Bakterien stießen Methan aus. Mit den ersten Pflanzen in den ersten Meeren kam Sauerstoff dazu. Der wiederum war für die Methanbakterien giftig und zwang sie zum Rückzug. Fertig war unser Sonnenschirm, der gleichzeitig eine Schmusedecke ist: Einerseits hält uns die Erdatmosphäre ein Zuviel an Hitze vom Leib. Andererseits entsteht unter ihr ein natürlicher Treibhauseffekt, der die Erde vor dem Erfrieren bewahrt. Ohne Atmosphäre würde die tagsüber gespeicherte Sonnenwärme nachts im Weltall verpuffen.

! (Regen-)Wälder, Moore und Ozeane sind „Grüne Lungen" der Erde. Sie schlucken CO_2 und spenden O_2.

Als wir Menschen sesshaft wurden, machten wir uns sofort an die Arbeit. Wir holzten Wälder ab, düngten Böden, hielten Nutztiere und bauten Reis in Wasser an. Das brachte und bringt der Atmosphäre ein Mehr an Kohlendioxid, Lachgas und Methan. Aus dem natürlichen Treibhauseffekt wurde langsam ein menschengemachter: heißer und schmutziger. Schon die antiken Glaswerkstätten bliesen Smog (von englisch „smoke", Rauch und „fog", Nebel) hinaus. Seit der Industriellen Revolution vor ungefähr 200 Jahren geht es damit viel schneller voran. „Dicke Luft" wurde ein weltweites Problem. Staub, Rauch, Ruß, Abgase und giftige Dämpfe aus Landwirtschaft, Industrie und (Reise-)Verkehr schaden uns und dem Rest der Natur. Wir wollen, dass alle Lebewesen aufatmen können.

! Im Vergleich zum Erddurchmesser ist die Atmosphäre dünn wie eine Zwiebelschale. Die für uns wichtigste Schicht (Troposphäre) misst gerade mal 10–12 km.

! Der menschengemachte Treibhauseffekt kann dazu führen, dass sich unser Klima in eine Heißzeit wandelt.

Geschlossener Stoffkreislauf: Sauerstoff

1 Kohlendioxid (CO_2) wird ausgeatmet (bzw. ausgestoßen)
2 und von Land- bzw. Wasser-Pflanzen aufgenommen.
3 Gemeinsam mit Sonnenlicht und Wasser passiert eine Umwandlung (Photosynthese).
4 Es entstehen energiereicher Zucker und als „Überbleibsel" Sauerstoff (O_2).
5 O_2 wird von Menschen und Tieren eingeatmet und nach komplexen Stoffwechselvorgängen beim Ausatmen an Kohlenstoff (C) gebunden.

Der 3. Wunsch fürs Anthropozän

Was kann ich tun?

"Auto-Fasten"

Seit es die Erde gibt, gibt es auch Klimawandel. Nur, dass Veränderungen früher Millionen von Jahren brauchten und nicht Jahrzehnte, so wie heute.

🌡 Gut gedacht: Das 1,5°C-Ziel

Wenn wir die Erwärmung der Atmosphäre auf 1,5°C eingrenzen (im Vergleich zu den Temperaturen vor der Industriellen Revolution), bleibt die Erde halbwegs gemütlich. Dieses Klimaziel ist beschlossene Sache für zahlreiche Staaten dieser Erde. Wenn alle zusammenhelfen, kriegen wir das hin. **Nur Mut –** zum Ärmelhochkrempeln! Klimaschonend leben geht in vielen Bereichen. Mit einem „Weniger" oder „Langsamer".

🌡 Gut gedacht: Kühle Zonen statt Hitzeinseln

Klimagerechtigkeit heißt: angenehme und lebbare Temperaturen für alle. Schnell klappt das mit Grün, weil Pflanzen wie Klimaanlagen wirken. Dazu möglichst viel Weiß. Helle Dächer und Straßen speichern nämlich weniger Sonne als dunkle. **Nur Mut –** zum Stadtpflanzen! Wohnen mit Blühstreifen, Beeten und Bäumen ist „cool" und entspannend zugleich.

Wie wunderbar wird wir die Luft als

🌡 Gut gedacht: Rettung fürs ewige Eis

Mit den Gletschern verschwinden Lebensräume. Auch für Menschen, die mit ihrem Schmelzwasser für die Landwirtschaft rechnen. Einzelne Gletscher können wir unter Schutzplanen und Kunstschnee „konservieren". Aber bei weitem nicht alle. **Nur Mut –** zum Nahreisen! Österreichs größter Gletscher z. B., die Pasterze, ist locker ohne Flugzeug zu erreichen.

abkühlen

Was machen wir
mit der Luft?

reinigen

beschleunigen

befeuchten

austrocknen

beduften

verwirbeln

vernebeln

einblasen

aussperren

aufheizen

verpusten

absaugen

befliegen

erwärmen

– Reparatur-Cafés –

weniger „haben wollen"

Einkaufen ohne Verpackungen – – –

👍 **Gutgemacht: Ozonloch wird gestopft**

Ein zusätzlicher Erdsonnenschutz ist die Ozonschicht. In den
1980er Jahren entdeckte der Forscher Paul Crutzen darin ein
Loch, durch das UV-Licht ungefiltert auf die Erde gelangte.
Schuld war ein Treibgas aus Spraydosen und Kühlschränken.
Seit dem Verbot der Fluor-Chlor-Kohlenwasserstoffe (FCKW)
repariert sich die Ozonschicht nach und nach.

Paul
Crutzen

es, wenn
Lebensgrundlage schützen!

❗ **Für die Strecke Wien – München dauert
Bahnfahren nicht viel länger als Fliegen,
verursacht aber 30-mal weniger CO_2.**

👍 **Gutgemacht: Abluft gefiltert**

Früher gab es in Fabriksschloten und Autoauspuffen kaum
Filteranlagen. Schadstoffe wurden in die Atmosphäre geblasen
und kamen bis in die 1980er Jahre als ätzender „Saurer Regen"
auf die Erde zurück. Ganze Wälder wurden zerstört. Die Folge
waren strengere Gesetze zur Luftreinhaltung. Sie ließen auf
ödem Land wieder Grün sprießen.

FEUER
Eine Fülle von Energie

! Die Einführung von Sommer- und Winterzeit diente ursprünglich dem Einsparen von Energie.

Ein klein wenig ausgebrannt

Seit Martys Ankunft ist viel passiert.
Höchste Zeit für einen Zwischenbericht.
Wenn Marty bloß etwas mehr Energie hätte …

Die Geschichte des Feuers

Kurz nach ihrer Entstehung war die Erde ein glühender Ball aus flüssigem Gestein (Magma). Als die Oberfläche abkühlte, verfestigte es sich zur Erdkruste. Im Erdinneren jedoch brodelt es munter weiter. Während wir Magma nur noch selten zu Gesicht bekommen, sind Blitze und Brände weiterhin unsere Begleiter. Sie zündeten die ersten Lagerfeuer der Menschheit – und eine Vielzahl an kreativen Ideen. Wir fanden heraus, was wir mit Flammen alles anstellen konnten: wilde Tiere vertreiben, Tongefäße brennen oder Wälder roden. Vor allem aber lernten wir kochen, und das schmeckte unserem Gehirn. Die energiereichere Nahrung ließ es wachsen und auf den Gedanken kommen, zwei Stöckchen aneinander zu reiben, bis Funken sprühten. Das war vor 32.000 Jahren.

❗ Brandrodungen in Regenwäldern vernichten wertvolle CO_2-Schlucker und erzeugen gleichzeitig mehr CO_2.

Dieses erste menschengemachte Feuer startete eine Beschleunigung. Wir verheizten Holz, Torf, Walöl und Kohle, später Erdöl und Erdgas. Mit jeder Energiequelle wuchsen unsere Möglichkeiten. Wir schmolzen Metalle und bauten Maschinen. Der Dampf aufgeheizten Wassers brachte Turbinen zum Laufen, die uns Strom lieferten. Das Leben wurde bequemer. Doch der Komfort ist ungleich verteilt. Während der Globale Süden wenig Strom, Heizmittel oder Treibstoff verbraucht, ist der Globale Norden ein Energiefresser. Das zeigt sich in seinem CO_2-Ausstoß: Verkehr, Industrie und Gebäude werden vorwiegend mit fossilen Brennstoffen gefüttert, also mit Kohle & Co. Beim Verbrennen setzen diese riesige Mengen Kohlenstoff frei und verschmutzen damit die Luft. Mehr, als unser Planet über seine „Grünen Lungen" ausgleichen kann. Wir wollen auf unseren Energieverbrauch achten und erneuerbare Quellen ausbauen.

❗ Die Menge an Erdöl, die wir in einem Jahr verheizen, hat etwa eine Million Jahre gebraucht, um sich zu bilden.

Unterbrochener Stoffkreislauf: Fossile Brennstoffe

1 Abgestorbene Pflanzen und Tiere werden kilometerdick mit Schlamm oder Sand überlagert – der enthaltene Kohlenstoff „versteinert".
2 Es bilden sich Erdöl, Erdgas oder Kohle.
3 Die fossilen Brennstoffe werden abgebaut und verheizt oder weiterverarbeitet (Treibstoffe, Plastik, …).

Der 4. Wunsch fürs Anthropozän

Weltweit wird unser Lebensstil immer energie-bedürftiger. Elektronische Geräte und die für sie nötigen Datenverarbeitungszentralen gehören zu den größten Stromfressern.

kein „Standby Modus"

Spielen ohne Computer

regionale Urlaube

Was kann ich tun?

weniger chatten

mehr plaudern

Bahn statt Flugzeug

leihen statt kaufen

💡 Gut gedacht: Nachhaltig sauber

Strom und Wärme lassen sich genauso gut aus Sonne, Wind und Wasser gewinnen, aus nachwachsenden Rohstoffen wie Holz oder aus der Wärme im Erdinneren. Indem wir diese erneuerbaren Energiequellen kombinieren, sichern wir die Versorgung. **Nur Mut –** zum Runterschalten! 1°C weniger Heiztemperatur klingt nach nichts, bringt aber viel. Auch das komplette Abdrehen von Elektrogeräten spart Strom. Bye-bye, Standby-Modus!

Wie wunderbar das Feuer mit

Wir haben Hunger Hunger Hunger …

💡 Gut gedacht: Sanfter unterwegs

In die „Dekarbonisierung" von Fahrzeugen wird viel Energie gesteckt. Autos laufen längst mit Elektrobatterien, erste Last-kraftwagen mit Wasserstoffantrieb. Ohne Kohlenstoff-Verbrennungsmotor sind sie um-weltfreundlicher und leiser. **Nur Mut –** zum Mitfahren! Öffentlicher Verkehr von geborg-tem Auto bis Bus oder Bahn spart außerdem Platz auf den Straßen.

STOP

Zünden hüten ersticken bewahren nähren anheizen löschen eindämmen bewachen abbrennen wüten lassen entfachen schüren bekämpfen nutzen

💡 **Gut gedacht: Raus aus der Atomkraft**

Die Energie aus der Spaltung von Atomkernen gilt als umweltschonend. Doch ihre Abfallprodukte sind extrem lange giftig und entsprechend schwer zu lagern. Manche Staaten halten weiterhin an Atomkraft fest, während andere den Ausstieg planen. **Nur Mut –** zum Stromanbieter-Tauschen! Bestimmte Stromtarife wie „öko" oder „atomstromfrei" fördern diesen Aus- und Umstieg.

wird es, wenn wir Fantasie einsetzen!

👍 **Gutgemacht: AKW verhindert**

Österreich hat ein fix-fertig gebautes Atomkraftwerk, das nie in Betrieb ging. Unter dem Motto „Atomkraft? Nein danke!" ließen engagierte Menschen nicht locker. Bis zur Volksabstimmung 1978. Das AKW Zwentendorf kann heute als Museum besichtigt werden.

👍 **Gutgemacht: Corona genutzt**

Das gefährliche Virus namens SARS-CoV-2 hat uns gezeigt, wie unmittelbar wir die Notbremse ziehen können. Innerhalb weniger Wochen fand kaum mehr Flugverkehr statt. Auch auf den Straßen wurde es ruhiger, und die Tierwelt eroberte sich neue Lebensräume. Die positiven Erkenntnisse aus dieser herausfordernden Zeit gilt es weiterzuverfolgen.

LICHT
Eine helle Freude

Hallo, Milchstraße?

Bens Mama ist Astronomin – Himmelsforscherin. Marty und Ben dürfen sie im Observatorium besuchen.

Woher soll Marty schon kommen? Vom **Mars** natürlich!

winzig kleines Leben. Findest du deinen Heimatplaneten, Marty?

Soweit wir wissen, gibt es dort höchstens

Sorry, Fehlanzeige! Zu viel Licht auf der Erde. Vom All her sieht man klarer.

Magst du uns zeigen, wo du herkommst, Marty?

Ich wünschte, ich könnte auch mal dorthin. **Auf die andere Seite.**

Die Geschichte des Lichts

Am Anfang unseres Sonnensystems war: die Sonne. Ein lodernder Stern, umschwirrt von Steinen und Staubteilchen. Aus ihnen formten sich weitere Himmelskörper, darunter die Erde. Rein zufällig bekam sie einen Ehrenplatz. Nah genug dran am Mutterstern, um es hell und warm zu haben. Aber weit genug weg, um Wasser zu horten. So bildete sich Leben. Dazu entwickelten sich Prozesse, um es am Laufen zu halten – etwa die Photosynthese bei Pflanzen. Zahlreiche Organismen stellten sich auf einen 24-Stunden-Takt ein, mit Zeiten zum Wachsein und Zeiten zum Schlafen. Bis unser Erfindungsgeist beschloss, zusätzlich künstliches Licht anzuknipsen. Kerzen, Gaslampen, Glühbirnen und LEDs machten schrittweise Schluss mit stockdunkel. Das ist sicher und bequem. Es frisst aber auch (fossile) Energie, und ein Zuviel davon (Lichtverschmutzung) stört natürliche Abläufe. **Wir wollen wieder mehr im Rhythmus der Natur leben.**

Was kann ich tun?

weniger Kunstlicht
warmweiße LEDs
gedimmtes Smartphone

Der 5. Wunsch fürs Anthropozän

Richtig dunkel wird es auf der Erde fast nur noch in Wüsten, Nationalparks oder mitten auf den Ozeanen. Wo immer wir Menschen sind, ist auch Lichtverschmutzung.

💡 Gut gedacht: Zurück zur inneren Uhr

Ruhezeiten geben Kraft. Wir Menschen nutzen dafür die Nacht, manche Tiere bevorzugen den Tag. Mit zu viel Kunstlicht in der Umgebung wird das Ein- und Durchschlafen schwieriger. Die Grenzen zwischen tagaktiv und nachtaktiv verschieben sich. **Nur Mut –** zum Bücherstreicheln! Bildschirme im Schlafzimmer halten wach, weil sie kühles, blaues Licht aussenden.

💡 Gut gedacht: Insektenfreundliche Lampen

Insekten, die nachts unterwegs sind, richten sich nach dem Mond und den Sternen. Das stärkere Kunstlicht blendet und verwirrt sie. Eine neue Art von Straßenlaternen arbeitet mit warmweißem Licht, das abgeschirmt nach unten strahlt und dadurch weniger umschwirrt wird. **Nur Mut –** zum Dunkelmunkeln! Auf unserem Balkon und im Garten können wir die Nacht komplett Nacht sein lassen.

Wie wunderbar wird es, wenn wir Licht mit Lust und Logik sparen!

👍 Gutgemacht: Schutzgebiet geschaffen

„Nachtlandschafts-Schutzgebiete" sollen einen möglichst ungestörten Blick auf die Himmelskörper bewahren. Egal, ob natürlich oder menschengemacht, ob Stern oder Satellit. Der erste „Sternenpark" Österreichs liegt in der Region Attersee-Traunsee. Hier wird Kunstlicht nur eingesetzt, wann und wo es unbedingt nötig ist.

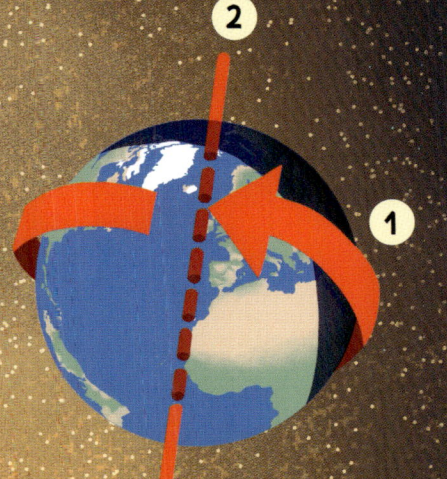

Ein Kreislauf im Sonnensystem: Der Tag-Nacht- und der Jahreszeiten-Wechsel

1. Die Erde dreht sich um sich selbst. Dabei wendet sie ihre Oberfläche nach und nach dem Sonnenlicht zu. Einmal „rund um sich selbst herum" dauert 24 Stunden – einen Tag.

2. Gleichzeitig umrundet die Erde die Sonne. Da ihre Drehachse „schief" steht, trifft das Sonnenlicht mehr oder weniger steil auf die Erdoberfläche und erwärmt sie unterschiedlich stark. Einmal „rund um die Sonne herum" dauert 365 Tage – ein Jahr.

SCHALL
Ein Leise und ein Laut

Technogetöse!

Musikstunde im Schulgarten. Die 3b genießt die Harmonie. Auf einmal: ein Höllenlärm!

Die Geschichte des Schalls

Wie laut war eigentlich der Urknall? Jene gewaltige Explosion, die vor 13,8 Milliarden Jahren unser Universum hervorbrachte? Sehr wahrscheinlich war er laut...los. Denn erst mit dem „Big Bang" wurden Raum und Zeit zu Kategorien. Sie bildeten ein Umfeld, in dem sich Schallwellen ausbreiten können. Donnerpoltern, Lavabrodeln, Wasserfalltosen, Blätterrauschen, Dinosaurierstampfen.

Der Schlag der ersten Axt veränderte die Geräuschkulisse. Sie wurde technischer. Vor allem, seit wir die Kraft unserer Muskeln und Haustiere durch Maschinen ersetzen. Schnaubende Dampfloks waren dabei bloß der Anfang. Heute ist Lärmverschmutzung allgegenwärtig und Stille ein echter Luxus. Wir wollen mehr darauf schauen, was unsere Ohren zu hören bekommen.

0 dB	10	20	30	40	50	65	85	95	120
STILLE			LEISE			LAUT	SEHR LAUT		EXTREM LAUT

Der 6. Wunsch fürs Anthropozän

Lärmverschmutzung – also ein Zuviel an Dezibel – ist eine Belastung für alle Lebewesen. Egal, ob auf dem Boden, im Wasser oder in der Luft.

keine Laubsauger

Was kann ich tun?

Musik mit Kopfhörer

leise Handygespräche

öffentlicher Verkehr

„stille" Feuerwerke

Wie wunderbar wird es, wenn wir Schall und Stille in Balance bringen!

Gut gedacht: Weniger dazwischenfunken

Die Technosphäre übertönt mit ihrem Maschinenlärm die Biosphäre und deren Naturlaute. Darunter leidet der tierische Austausch mit Artgenossen, z.B. bei Vögeln oder Meerestieren. Unter Wasser helfen bereits Zonen ganz ohne Schiffsverkehr oder lärmarme Schiffsschrauben. **Nur Mut –** zum Lautelauschen! Ein Geräuschetagebuch zeigt, wie viel Biosphäre um uns hörbar ist, und macht Lust auf mehr.

Gut gedacht: Psst auf Straße und Schiene

Verkehrslärm nervt nicht nur, er kann krank machen. Bewährte Gegenmittel sind: Lärmschutzwände, Einsatz von Pflanzen als „Schallschlucker", Flüster- asphalt, Geschwindigkeitsbegrenzungen und moderne Güterzug-Waggons. **Nur Mut –** zum Leisertreten! „Sanfte Mobilität" reduziert das Dröhnen. Sie funktioniert zu Fuß, mit Fahrrad und Scooter oder im öffentlichen Verkehr.

! Ein Geräusch besteht aus unterschiedlichen Tönen und wird in der Einheit Dezibel (dB) gemessen.

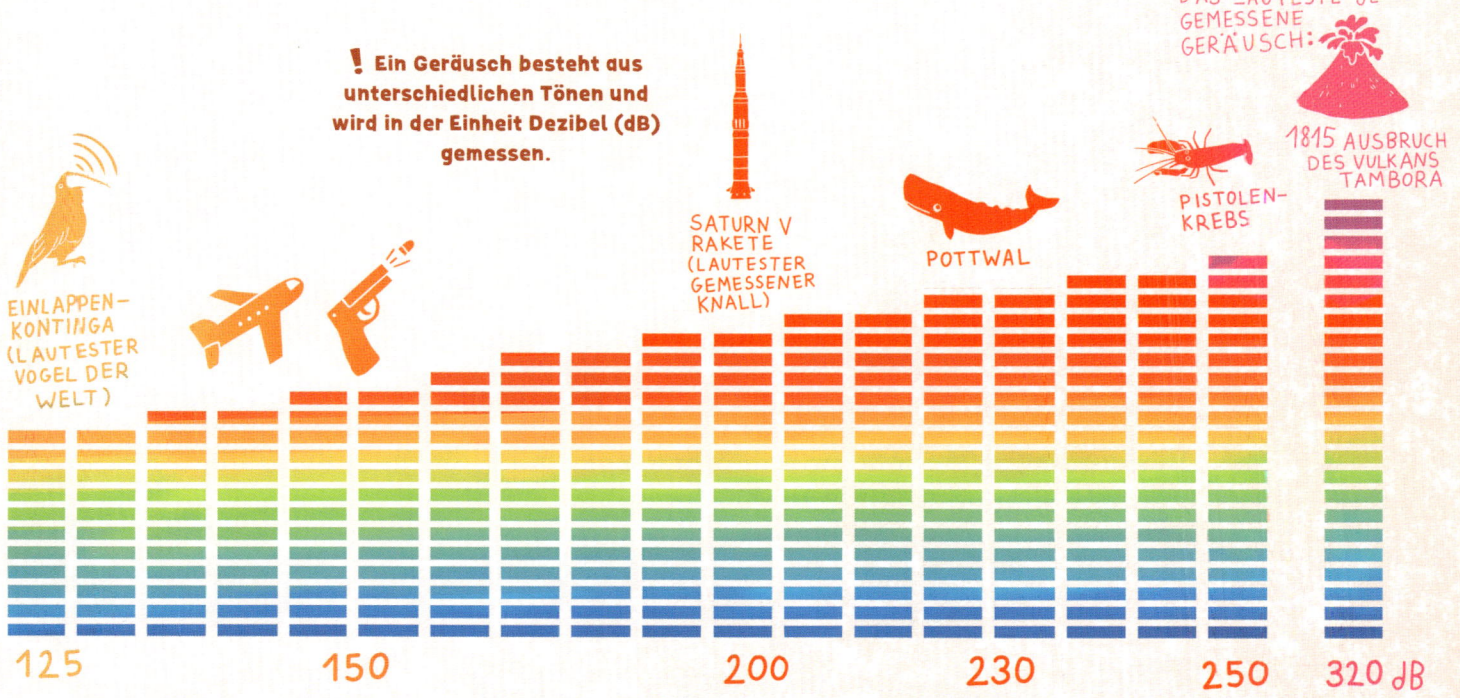

EINLAPPEN- KONTINGA (LAUTESTER VOGEL DER WELT)

SATURN V RAKETE (LAUTESTER GEMESSENER KNALL)

POTTWAL

PISTOLEN- KREBS

DAS LAUTESTE JE GEMESSENE GERÄUSCH:

1815 AUSBRUCH DES VULKANS TAMBORA

125   150   200   230   250   320 dB

SCHMERZHAFT LAUT   LÄRM

PFLANZEN
Ein vielfältiges Grün

❗ Die Zahl aller Pflanzenarten schwankt. Laufend werden neue entdeckt, andere sterben aus. Darunter ausgerechnet Vertreter der uralten Moose.

Einmischen verboten!

Endlich rückt Frau Adamovicz raus, mit ihrer Klassenklima-Idee. Die 3b fährt in die Berge. Übernachten inklusive!

Der Nationalpark Hohe Tauern ist?

Das älteste und größte …

… Naturschutzgebiet in Österreich!

Mit Gipfeln! Und Gletschern! Und Seen und Mooren!

Wälder gibt's dort auch! Und All, äh, Almen!

Dass mir nur keiner fragt, wo in dem Park die Bänke stehen …

SALZBURG

NATIONALPARK HOHE TAUERN

KÄRNTEN

TIROL

Sie kennt den Park wie ihre Westentasche.

Eine Rangerin wird uns rumführen.

Willkommen im größten Klassenzimmer Österreichs! Ich heiße Lilly.

Und ich bin Momo. Gehen wir auf die Pasterze?*

Heute ist erst mal der Naturwald dran. Dort hat sich schon lange kein Mensch mehr eingemischt.

* Die Pasterze ist der längste Gletscher der Ostalpen.

Wie groß ist der Park?

Sind wir jetzt in der Kernzone?

Wo stehen die Bänke?

Sieht man hier nachts die Sterne?

Helft ihr bedrohten Arten?

So viel Grün!

Dieser Duft!

Wie weich!

Das laute Rauschen!

Was knackt da?

Schon kosmisch, dass Baumriesen Schutz brauchen. Vor Winzlingen …

Die Geschichte der Pflanzen

Die ersten Landpflanzen auf unserem Planeten waren vermutlich Vorläufer der Moose. Nach ihnen entwickelten sich Farne, Schachtelhalme und Bärlappe. Sie wucherten in dichten Teppichen, manchmal hoch wie Bäume. Als wir Menschen auftauchten, war die Pflanzenwelt mit Riesenschritten vorangekommen. Sie bot uns ein reiches Menü: Gräser, Früchte, Wurzeln und Beeren. Wir mussten nur zwischen „genießbar" und „giftig" unterscheiden lernen. Unser Leben als Jägerinnen und Sammler war frei – ein voller Bauch jedoch Glückssache. So wurden die ersten von uns Bäuerinnen und Bauern. Sie wählten Pflanzen und versuchten, ihre Eigenschaften durch Zucht zu verstärken. Aus wilden Gräsern wuchsen Kulturpflanzen: Hafer und Gerste, Mais und Reis.

Inzwischen sind die Pflanzen, die wir essen, fast ausschließlich menschengemacht. Gezüchtet nach unserem Geschmack und unseren Bedürfnissen. Mittels Gentechnik greifen wir sogar in ihren „Bauplan" ein und schaffen Hochleistungssorten. Weizen mit extra starken Halmen und extra dicken Ähren. Oder garantiert gleich große, gleichförmige Kartoffeln. Je mehr wir über die Pflanzenwelt bestimmen, desto langweiliger wird es auf unseren Feldern und Tellern. Gleichzeitig leert sich die Speisekammer für Tiere, und wertvoller Lebensraum geht für sie verloren. Selbst, wo die Natur halbwegs unberührt ist, stehen zahlreiche heimische Arten kurz vor dem Verschwinden. An ihre Stelle rücken Neuankömmlinge (Neobiota), die wir schwerer kontrollieren können. Wir wollen die natürliche Vielfalt einladen, zu uns zurückzukehren.

! In manchen Städten gibt es mehr Pflanzenvielfalt als auf bewirtschaftetem Land. Weil da die meisten großen Ackerflächen recht eintönig bepflanzt sind.

! „Biodiversität" bezeichnet die Vielfalt aller Lebewesen. Bei Pflanzen reicht sie von der winzigsten Algenzelle bis hinauf in Baumkronen.

Zwei ineinandergreifende Kreisläufe: Bestäubung

Viele Pflanzen vermehren sich über Samen. Diese bilden sich, wenn fremder Pollen auf ihrer Samenanlage landet (Bestäubung). Als Pollenboten dienen der Wind sowie Vögel und Insekten. Die Tiere nutzen Nektar und Pollen der Blüte als Futterquelle für sich und ihren Nachwuchs.

1 Beim Fliegen und Krabbeln von Blüte zu Blüte
2 wird Pollen verbreitet und die Pflanze bestäubt.
3 Samen reifen und rieseln zu Boden.
4 Die nächste Generation Pflanzen wartet aufs Keimen.

Der 7. Wunsch fürs Anthropozän

Die Natur ist ein Ökosystem. Eine lebendige Gemeinschaft, in der alles zusammenhängt. Ohne Tiere gibt es keine Pflanzen. Und ohne Pflanzen …

Lebensmittel retten

Papierrecycling

Bio-Produkte

Was kann ich tun?

Entdeckung der Vielfalt

"Unkraut" stehen lassen

💡 **Gut gedacht: Biodiversitäts-Buffet**
Grün- und Blühflächen in der Stadt wirken wie Nationalparks im Kleinformat. Sie bieten unterschiedlichsten Pflanzen Raum und beste Pflege. So entstehen selbst in dicht verbauten Zonen lebendige Ökosysteme. **Nur Mut –** zum Buntpflanzen! Besonders wilde Wiesenblumen sind beliebte Insektenbuffets und damit Einladungen zum Bestäuben. Sie gedeihen sogar im Topf auf dem Fensterbrett.

Wie wunderbar die Pflanzen

💡 **Gut gedacht: Ernte in der „essbaren Stadt"**
Die Hydroponik-Methode („hýdor" für Wasser, „pónos" für Arbeit, Mühe) verwandelt leerstehende Gebäude in vertikale Bauernhöfe. Sprossen, Kräuter oder Salat wachsen in einer Nährlösung, platzsparend übereinandergestapelt. **Nur Mut –** zum Zimmerfarmen! Hydroponik klappt genauso mit feuchter Küchenrolle plus Kresse-, Radieschen- oder Brokkolisamen.

👍 **Gutgemacht: Schutzzonen bestimmt**
Nationalparks sichern Gebiete mit unberührter Natur – und das nahezu überall auf der Welt. Als besonders „wild" gelten die letzten verbliebenen Urwälder in Europa, wie der Rothwald in Österreich, der Bödmerenwald in der Schweiz oder der Urwald Totengraben in Deutschland.

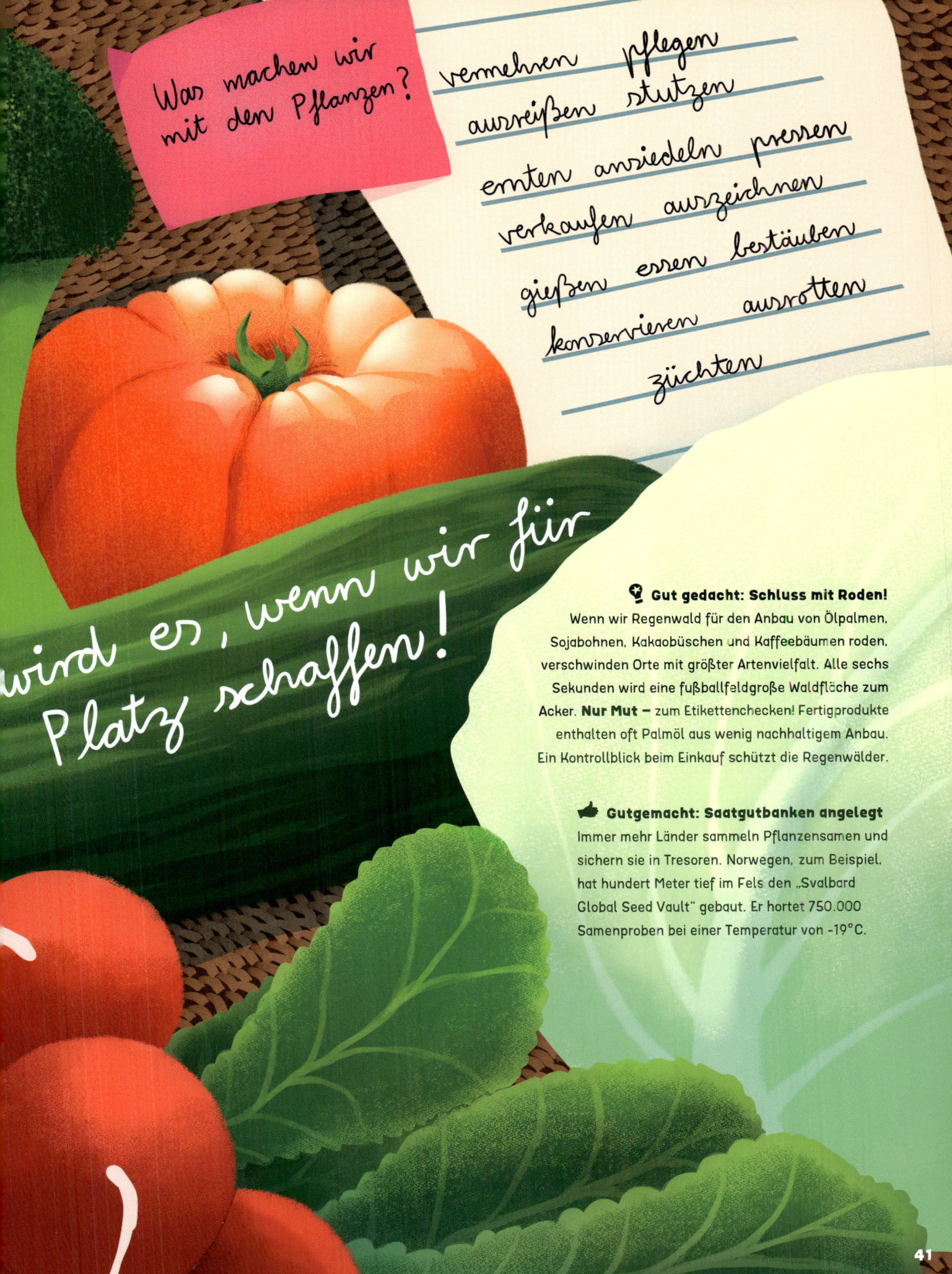

Was machen wir mit den Pflanzen?

vermehren   pflegen
ausreißen   stutzen
ernten   ansiedeln   pressen
verkaufen   auszeichnen
gießen   essen   bestäuben
konservieren   ausrotten
züchten

wird es, wenn wir für Platz schaffen!

🌱 **Gut gedacht: Schluss mit Roden!**
Wenn wir Regenwald für den Anbau von Ölpalmen, Sojabohnen, Kakaobüschen und Kaffeebäumen roden, verschwinden Orte mit größter Artenvielfalt. Alle sechs Sekunden wird eine fußballfeldgroße Waldfläche zum Acker. **Nur Mut** – zum Etikettenchecken! Fertigprodukte enthalten oft Palmöl aus wenig nachhaltigem Anbau. Ein Kontrollblick beim Einkauf schützt die Regenwälder.

👍 **Gutgemacht: Saatgutbanken angelegt**
Immer mehr Länder sammeln Pflanzensamen und sichern sie in Tresoren. Norwegen, zum Beispiel, hat hundert Meter tief im Fels den „Svalbard Global Seed Vault" gebaut. Er hortet 750.000 Samenproben bei einer Temperatur von -19°C.

TIERE
Eine wechselhafte Beziehung

Aufgezogen, ausgeflogen

Am nächsten Morgen, auf fast 2.000 Metern Seehöhe. Es geht über Stock und Stein. Abenteuer pur!

Holareidulijö!
Kommt her, ihr Tierchen, Besuch für euch!

Wenn du so jodelst, verziehen sie sich.

Wildtiere sind scheue Wesen.

Spannend, was Rangerin Lilly zu erzählen hat!

Hier im Nationalpark leben Tiere vom Alpensalamander bis zur Zimteule.

ZIMT-eule

HAHA HA

Besonders Acht geben wir auf Steinböcke und Urforellen.

Weil die urlecker schmecken?

Weil sie bedrohte Arten sind. Sie waren von hier fast verschwunden.

Und dann?

... haben wir begonnen, sie wieder anzusiedeln.

Da!

Ein Bartgeier! Kann gut sein, dass das Kasimir ist.

Eure Wildtiere haben Namen? Wie Haustiere?

Einige schon. Wenn wir sie von klein auf betreuen.

Kasimir wurde gezüchtet und dann ausgewildert.

Frei wie ein Vogel.

Wird Kasimir weiter beobachtet?

Ja. Bestimmte Wildtiere behalten wir im Auge.

Mit einem Sender?

GPS hilft uns, Kasimirs Route zu verfolgen.

Ha! Funkkontakt! Will mein Mutterschiff auch immer.

! Immer mehr Wildtiere ziehen in die Stadt, u.a. wegen des großen Nahrungsangebots. Solche Kulturfolger sind: Waschbär, Fuchs, Dachs und Feldhamster.

Die Geschichte der Tiere

Das tierische Leben auf der Erde begann in den Ozeanen: mit einfachen Zellhaufen, zu denen sich Quallen und Schwämme gesellten. Es folgten Fische, Gliedertiere, Muscheln, Schnecken, Ammoniten, Moostierchen und Korallen. Bunter wurde die Fauna vor über 400 Millionen Jahren, als Gliedertiere an Land gingen und zu Spinnen und Insekten wurden. Aus Fischen, die ihre Flossen in Richtung Festland ausstreckten, bildeten sich Amphibien. Und mit den Reptilien gab es erstmals außerhalb des Wassers geborene Wirbeltiere. Der große Auftritt der Säugetiere kam, als die Dinosaurier abgetreten waren. Darunter: der gemeinsame Vorfahre von Menschenaffen und Menschen. Sobald die Tiere und wir getrennte Wege gingen, änderte sich unsere Beziehung. Die alten Spielregeln von Fressen oder Gefressenwerden lösten sich auf. Mit einem Mal stellten wir uns über die Tiere. Wir lernten, sie zu halten: als Nutztiere, Arbeitstiere oder Haustiere. Aus dem Auerochsen

züchteten wir die Kuh, aus dem Wolf den Hund. Und das war nur ein Vorgeschmack. Heute bekommen wir Tierrassen nach Maß hin. Die einen setzen schnell Fleisch an, geben literweise Milch oder legen riesige Eier. Andere sind so klein, dass wir sie in unseren Handtaschen spazieren tragen. Tiere sind für uns nicht mehr als eine Ware oder ein Versuchsobjekt für neue Medikamente oder Kosmetikprodukte. Gleichzeitig schätzen wir sie hoch, wenn sie uns als Haustiere oder Therapietiere begleiten. Nicht einmal Wildtiere können in unseren Augen einfach sein. Wir unterscheiden, wer staunenswert oder sympathisch ist. Den Rest übersehen und übergehen wir. Mit dieser Haltung haben wir das sechste Artensterben auf dem Planeten eingeleitet. Wir wollen den Tieren wieder näherkommen und mit ihnen fühlen.

! Bär, Luchs und Wolf waren früher in Europa allgegenwärtig. Gefürchtet und bis zum Verschwinden gejagt, kehren sie heute langsam zurück.

Nahrungsnetz:
Fressen und gefressen werden

Die Tiere und Pflanzen, die den Boden, das Wasser und die Luft beleben, bilden zusammen ein Ökosystem – und damit auch eine Fressgemeinschaft. Während sich nur vereinzelte Pflanzen von Fleisch ernähren, haben Tiere entweder Hunger auf Pflanzen, auf Fleisch oder auf eine Mischung aus alledem. Die Zersetzer (Mistkäfer, Regenwürmer, Pilze, Bakterien ...) räumen mit den Resten auf. Was sie verdauen, nährt wiederum die Pflanzenwelt.

Der 8. Wunsch fürs Anthropozän

Von allen Lebewesen auf der Erde verbindet uns am meisten mit den Tieren. Viel zu lange gingen wir davon aus, dass sie weder Grips noch Gefühle haben. Heute wissen wir mehr.

💡 Gut gedacht: Vom Alles- zum Pflanzenfressen

Rein biologisch betrachtet kann unser Körper ohne tierische Nahrungsmittel auskommen. Damit können wir frei entscheiden, wie wir uns ernähren. Und mit unserem Ernährungstyp mitgestalten, wie die Zukunft der Tierhaltung aussieht. **Nur Mut –** zum Neugierigsein! Schon rein fleischlos zu essen, ist wie eine Entdeckungsreise.

💡 Gut gedacht: Stopp dem Artensterben

Die Erfahrung aus der Erdgeschichte zeigt, dass sich die Natur erholen kann. Bis auf Arten, die komplett ausgelöscht wurden, kehren Tiere und Pflanzen in ihrer ganzen Vielfalt zurück – sobald ihnen ihr Lebensraum wieder offensteht. **Nur Mut –** zum Schlaumachen! In der „Roten Liste" sind alle Arten erfasst, die besonders gefährdet sind.

👍 Gutgemacht: Tierwohl im Gespräch

Seit wir fragen, wo unser Essen herkommt, diskutieren wir über die artgerechte Haltung von Hühnern, Schweinen, Kühen, Ziegen, Schafen und Fischen. Für ein „glücklicheres" Leben versuchen wir, ihre natürlichen Grundbedürfnisse so gut wie möglich zu erfüllen. Noch ist längst nicht alles perfekt – aber zumindest einiges im Laufen.

💡 Gut gedacht: Wohlfühlklima für alle

Erst heiß, dann kalt, dann warm. Wechselnde Temperaturen haben Tiere schon immer zu Anpassungen gezwungen. Beim aktuellen Klimawandel müssen sie schnell sein. Das ist unsere Verantwortung: Klimaschutz ist auch Artenschutz. **Nur Mut –** zum Weitblicken! Wenn wir die Erderwärmung eindämmen, retten wir nicht nur die Menschheit.

👍 Gutgemacht: Tierarten angesiedelt

In Nationalparks und Wildnisgebieten werden die Bestände von bedrohten, jeweils heimischen Arten behutsam wieder aufgebaut. Dank sicherem Revier vermehren sich z.B. im Alpenraum wieder Urforellen, Steinböcke, Bartgeier, Kaiseradler und Waldrappe. Im Nationalpark Vorpommersche Boddenlandschaft wiederum finden die Kegelrobbe, der Ostseestör und die Seeschwalbe einen geschützten Lebensraum.

MENSCHEN
Eine Krone der Schöpfung

❗ Der Nobelpreisträger Albert Einstein soll ausgerechnet haben, dass wir ohne Bienen und ihre Bestäubungsleistung nur mehr vier Jahre überleben könnten.

Erdlinge, wie die Zeit vergeht!

Wieder zurück in der Paul-Crutzen-Schule. Manch einer scheint seine gute Laune bei den Bartgeiern vergessen zu haben.

Vom Amt für **allfällige** Austausch-angelegen-heiten.

Kam der mit der Post? **Unserer** Post?

Wir haben einen **Brief** bekommen.

2022, 130 Nuqneh, A.I.D.
5241532067924,68710...
Paul Crutzen Schule

Marty?

Sieht so aus. ...

2022, 130 Nuqneh, A.I.D. 67524153 2067924,6 871037!

Ich übersetze für euch.

Sternzeit 2022,130 Guten Tag, Marty! Sind seit einem Langen Jetzt ohne Signale von dir. Erwarten Bericht, nicht unter zwei Seiten.

Mensch, Marty! Das nervt!

Was wirst du über die Erde erzählen?

Und über **UNS** Erdlinge?

Was wirst du schreiben, Marty?

Dass ich viel gelernt habe, was **nicht** in meinem Ratgeber steht.

Sicher nicht alles nobelpreis-ver-däch-tig.

Wer ist das schon immer?

Außer...

Paul J. Crutzen!

Ich werde schreiben, dass ihr es gut meint. Auch wenn ihr nicht alles gut macht.

Andererseits haben wir auch schon was gutgemacht.

Aber Marty! Du hast längst nicht alles gesehen von ...

... von unserer Blauen Murmel!

❗ Die Menschenaffen sind uns nicht nur genetisch nahe: Wie wir unterscheiden sie zwischen „fair" und „unfair", können eine Scheu vor Fremdem entwickeln u.v.a.m.

Die Geschichte der Menschen

Verglichen mit dem Rest der Natur sind wir irdische Neuankömmlinge. Es ist erst 2 Millionen Jahre her, dass die Gattung „Mensch" (Homo) ihre ersten Schritte auf der Erde tat. Weil das in Afrika geschah, gilt dieser Kontinent als Wiege der Menschheit. Nach der Trennung von den Schimpansen verschafften wir uns erst einmal einen Überblick. Wir richteten uns auf – und marschierten los. Ein Grüppchen Menschen verließ die bekannten Savannen. Unsere Wanderlust trug uns in alle Teile der Welt. Wo immer wir uns niederließen, entwickelten wir uns weiter. So formten sich nicht nur unsere Körper in all ihrer Unterschiedlichkeit. Es entstanden reiche Kulturen mit ihrem höchst eigenen Wissen.

❗ Wenn wir alle Landwirbeltiere auf eine Waage stellen, geht fast ein Drittel des Gewichts auf uns Menschen, zwei Drittel auf Nutztiere und der winzige Rest auf Wildtiere.

Diese Unterschiedlichkeit ist etwas Wunderbares. Man kann sie jedoch auch als Ungleichheit sehen. Als Grund, einen Menschen über den anderen zu stellen. Solche Ungerechtigkeiten gab es lange vor dem Anthropozän. Zwischen den Geschlechtern, den Hautfarben, den Glaubensrichtungen … Zusätzlich hat das Streben nach Macht und Wohlstand unsere Erde praktisch in zwei Hälften geteilt. In einen Globalen Norden und einen Globalen Süden. Hier: die Industriestaaten mit praktisch unbegrenztem Spielraum. Dort: die Schwellen- und Entwicklungsländer, die weniger bis weit weniger Möglichkeiten haben. Die Annehmlichkeiten der einen gehen nicht selten auf Kosten der anderen. Wir wollen dazu beitragen, dass die Chancen auf ein gutes Leben endlich gleichmäßiger verteilt sind.

Kreislauf:
Das Wissen auf der Welt

Zwischen dem geschickten, dem aufrechten, dem wissenden und dem modernen Menschen liegt ein enormes Wachstum an Fähigkeiten. Dies wurde möglich, weil wir ständig voneinander gelernt haben.

1 benennen – 2 sammeln – 3 entwickeln
4 teilen – 5 erweitern – 6 bewahren

Der 9. Wunsch fürs Anthropozän

In der Allgemeinen Erklärung der Menschenrechte steht: „Alle Menschen sind frei und gleich an Würde und Rechten geboren." Tatsächlich gibt es Gleiche und „Gleichere".

offene Ohren --- anders = okay

Was kann ich tun?

miteinander statt gegeneinander

💡 Gut gedacht:
Lebensmittel wertschätzen

Essen ist zum Teilen da. Umso mehr, als wir erschreckend vieles wegwerfen, was noch genießbar ist. Die Lösung: Ideen, wie wir Lebensmittel retten oder anderen Menschen bzw. Tieren als Nahrung anbieten können. Von Foodsharing bis Sozialmarkt. **Nur Mut** – zum Mutigsein! Ein abgelaufenes Mindesthaltbarkeitsdatum (MHD) heißt noch lange nicht „kaputt". Schauen, tasten, riechen, schmecken ... und Mahlzeit!

! Fair handeln können wir zum Beispiel: Kakao, Tee, Bananen, Orangensaft, Reis, Zucker, Textilien, Blumen – und Gold.

💡 Gut gedacht:
Eine Welt – eine Menschheit

Die Organisation der Vereinten Nationen (UNO) hat einen Plan, wie wir die Welt bis zum Jahr 2030 ein Stück fairer gestalten können. Es sind 17 Bereiche, die ein gutes Leben für alle bringen sollen: die Ziele für nachhaltige Entwicklung (englisch: SDGs). **Nur Mut** – zum Balancieren! Die Welt als eine Welt zu denken, lässt uns kluge Entscheidungen treffen.

👍 Gutgemacht:
Wissen getauscht

In Entwicklungsprojekten lernen alle. Die einen geben Methoden, Material und Mittel weiter. Zum Beispiel für Trinkwasserbrunnen, Toilettenanlagen oder kleine Unternehmen. Die anderen zeigen, wie wir auch unter schwierigen Bedingungen mit der Natur (über-)leben können.

geteilte Freude

gemeinsam Gutes tun

Was machen wir mit den Menschen?

lieben achten ausnutzen bejubeln quälen verfolgen heilen unterdrücken überwachen fördern verwöhnen ermorden beschützen besiegen strafen beurteilen ausschließen trösten

Wie wunderbar wird es, wenn wir Menschen uns als ein Miteinander begreifen!

Gut gedacht: Menschenfreundliche Städte
Auch Städte sind Ökosysteme: Lebensräume voller Fahrzeuge und Fahrbahnen. Steigende Luftverschmutzung, zubetonierte Flächen und Hitzeinseln lassen viele Menschen ihr Recht auf Freiraum fordern. **Nur Mut –** zum Wichtigmachen! Initiativen für mehr Radwege, Fußgänger- oder Begegnungszonen brauchen immer unsere Stimme.

Gutgemacht: Rechte verankert
Billige Waren können unter schlechten Bedingungen hergestellt sein. Ohne gerechte Arbeitsbedingungen und ausreichende Löhne. Die Organisation „Fair Trade" (Fairer Handel) schaut auf das Wohlergehen der Bauern und Arbeiterinnen und gleichzeitig auf die Umwelt.

Kommando zurück

Schulschluss und Welt-UFO-Tag! Alle wissen: Marty muss bald einen Abflug machen. Friede, Freude, Erdenkuchen?

So zünden wir die nächste Stufe

Was macht uns Sorgen?

Wasserknappheit
Klimakrise Ölpest
Extremwetter Pandemien
Jahrhunderthochwasser
Hitzetage Tropennächte
Dürrekatastrophe Giftmüll
Ernteausfälle Wirbelstürme
Artensterben Waldbrände
Flüchtlingswelle Ausrottung
Massentierhaltung
Umweltzerstörung
Starkregen Bodenerosion
Klimanotstand
Erderwärmung

Was macht uns Hoffnung?

grüne Städte
Bio-Landwirtschaft
Umweltorganisationen
Reparaturcafés Schlüsselfiguren
Rohstoff-Recycling Aufforstung
Bodenbelebung Tauschpartys
Erholungsfähigkeit der Natur
faire Produkte Sozialmärkte
Entsalzungsanlagen
Menschenrechts- und Hilfs-
organisationen Schulprojekte
Rückverwilderung
Mehrweg-Verpackungen
erneuerbare Energien
Schutzgebiete

Ihr wunderbaren Erdlinge, klein und groß!

Paul Crutzen wurde einmal gefragt, wie er die Idee des Anthropozäns einem Schulkind erklären würde. Er antwortete: „Das ist tatsächlich eine schwierigere Aufgabe, als einen wissenschaftlichen Vortrag darüber zu halten."

Jeden Tag erreichen uns schlechte Nachrichten zum Zustand der Erde. Mit starken Wörtern, die lange in uns nachhallen. Sie erzeugen Sorgen und Ängste. Wir Menschen reagieren darauf unterschiedlich. Während die einen sagen, das sei alles bloß Zufall oder schlichtweg erfunden, wollen die anderen die Probleme angehen.

Für beide Gruppen ist dieses Buch bestimmt. Es will mit seinem Wissen einen Überblick verschaffen und mit seinen Wünschen aufzeigen, was unsere Welt jetzt braucht. Dafür müssen wir nicht auf die Regierenden der Welt warten. Vielen dauert das ohnehin zu lange. Auch neue Technologien können nur ein Teil der Lösung sein.
Um selber schnell wirksam zu werden, wollen wir alle ein Pflaster auf den Erdball kleben. Jetzt gleich und dort, wo unser Arm hinreicht. Dieses Mitmachen hilft auch uns, weil es uns Mut macht. Und Mut tut gut.

Eure
Melanie Laibl

PS: Corinna Jegelka und ich hoffen, das Anthropozän im Sinne von Paul Crutzen erzählt zu haben. Leider hat er unseren Planeten im Jänner 2021 verlassen. Womöglich plaudert er gerade mit Marty – über das Zeitalter der Erdlinge?

Um unsere Gemeinschaften zu regeln, haben
wir Menschen Gesetze. Darin sehen wir uns als
Rechtspersonen. Der Rest der Natur ist Sache,
Ware oder Besitz. Nun werden erste Gesetz-
bücher umgeschrieben. Neuseeland, zum
Beispiel, hat einem Nationalpark und einem
Flussgebiet „menschliche" Rechte gegeben.

Was wäre, wenn wir die gesamte Natur zum lebendigen Wesen erklären?
Wäre es dann noch immer so einfach, über sie zu bestimmen?

DAS GROSSE UMDENKEN

Die „Große Beschleunigung" im Anthropozän ist eine Tatsache. Sie lässt sich mit wissenschaftlichen Methoden messen. Doch niemand sagt, dass wir in diesem Tempo weitermachen müssen. Im Gegenteil. Wir können bewusst einen Gang hinunterschalten. Oder für einen Moment stehen bleiben und uns umsehen.

Dann entdecken wir, dass es auf unserem Planeten Menschen gibt, die vergleichsweise langsam unterwegs sind. Kulturen, die ganz nah an der Natur geblieben sind und mit ihr freundlich und respektvoll umgehen. Die Maori in Neuseeland waren die Ersten, die ihrer Umwelt auch niedergeschriebene Rechte gaben. Aber sie werden bestimmt nicht die Letzten sein.

Wenn wir aufhören, uns selber in den Mittelpunkt zu stellen, denken wir automatisch um. Je mehr Menschen das machen, desto besser. Denn dann wird daraus ein großes Umdenken. Eines, das unsere Erde lebenswert erhalten kann.

Permafrost-boden

(Regen-)wälder

Vulkane

Täler

Wüsten

Wind

Wolken

Almen

Boden

Ackerland

Gase

Pollen

Felsen

Humus

Berge

WIR SIND VIELE

Nicht alle von uns sind mit dabei, wenn es darum geht, unseren Planeten zu bewahren. Aber viele. Und das Beste ist: Der Rest der Natur macht mit. Die Ökosysteme der Erde haben sich schon oft erfolgreich repariert. Noch sind die meisten davon fit genug, um es auch dieses Mal zu schaffen. Dieser Gedanke macht uns Mut.

Ganz klar: Wir können nicht alle Aufgaben auf einmal erledigen. Ein Mensch allein kann nicht die ganze Welt retten. Aber wir können bei einem Bereich beginnen, der uns nahe ist und besonders am Herzen liegt. In unserem Zimmer, auf dem Fensterbrett oder direkt vor der Tür. Damit schützen wir gleichzeitig andere Bereiche. Unsere Fürsorge fürs Klima, zum Beispiel, reicht viel weiter als bloß in die Atmosphäre. Sie wirkt im Boden genauso wie im Wasser, auf die Tiere wie auf die Pflanzen. Weil in der Natur eben nichts für sich alleine steht. Schon gar nicht wir Menschen.

Wir arbeiten gemeinsam, Jung und Älter, Groß und Klein - auf unsere eigene Weise. Wir beginnen nicht erst heute, sondern wir können auf der Arbeit anderer aufbauen. Und wir haben Hoffnung. Jede kleine Entscheidung, jede kluge Idee kann und wird etwas bewegen. Wie ein Steinchen, das ins Wasser fällt und dabei weite Kreise zieht.

WIR ...

... teilen Wissen

... finden Wege

... sammeln Ideen

... machen uns stark

... fragen nach

... denken weiter

... verteidigen Rechte

... geben Hoffnung

... treffen Entscheidungen

... bauen Brücken

... schauen hin

... werden aktiv

WÜNSCHE-WIRKSAM

in uns selbst
in der Familie und im Freundeskreis
in Schule und Kindergarten
in Gemeinschaften und Organisationen
in einem einzelnen Land
Zwischen den Ländern der Welt

in uns selbst
offene Augen und Ohren, Neugier und Begeisterung, Betrachten und Beobachten, Hoffnung und Mut, Aufmerksamkeit und Achtsamkeit

in der Familie und im Freundeskreis
Lebensweise und Gewohnheiten, Vorlieben und Überzeugungen, Ermunterungen und Belohnungen, Interesse und Informiertheit, Verbündete und Gleichgesinnte, Sammeln und Spenden

in Schule und Kindergruppen
Zusammenhalten und zusammen Werken, Projekttage und Projektwochen, Gespräche und Diskussionen, Wissen und Vermittlung, Ausstellungen und Aufführungen, Förderung und Ermutigung

in einem einzelnen Land
Regierungsprogramme und Mitbeteiligung, Parteien und Wahlen, Gesetze und Regeln, Proteste und Demonstrationen, Volksbegehren und Unterschriftenlisten, Verteuerungen und Vergünstigungen, Streiks und Proteste, Schutzmaßnahmen und Schutzzonen, Kunst- und Kulturaktionen, Wirtschaft und Technologien

in Gemeinschaften und Organisationen
Tierschutz-Clubs und Pflanzen-Vereine, Nachbarschaftsgärten und Selbsterntefelder, Food Coops (Einkaufsgemeinschaften für Lebensmittel) und Mitfahrbörsen

zwischen den Ländern der Welt
Konferenzen und Gipfelgespräche, Verhandlungen und Zielsetzungen, Verträge und Vereinbarungen, Unterstützung und Entschädigung, Standards und Gütesiegel, Erfindungen und Entdeckungen, Umwelt- und andere Schutzorganisationen, Datenerfassung und -vergleich, Forschung und Fortschritt

UNSERE MÖGLICHEN ZUKÜNFTE

Wir Menschen können nicht alles richtig machen. Selbst wenn wir uns sehr bemühen. Aber wir können uns bei allen wichtigen Entscheidungen fragen: „Wie wirkt sich das, was wir jetzt verändern, auf die Zukunft aus?" Auf das Morgen unseres Planeten und auf das Übermorgen?

Nicht immer lässt sich dies mit hundertprozentiger Sicherheit beantworten. Darum tut es gut, zu wissen, dass wir in einer Entwicklung stehen. Wir sind nicht am Anfang und schon gar nicht am Ende. Wir sind irgendwo mittendrin und voller Tatendrang. Wir können uns überlegen, wie wir leben wollen und wie wir dorthin gelangen.

Es gibt nämlich nicht nur eine mögliche Zukunft, sondern ganz unterschiedliche Zukünfte. Vielleicht sind einige davon sogar schöner, friedlicher und gerechter als alles Dagewesene. Diese Zukünfte können wir mitgestalten – als wissende Gärtnerinnen und Gärtner, die das große Ganze verstehen. Für die „Blaue Murmel" als Planet und für alle, die auf ihr zu Hause sind.

Gemeinsam weiterwirken

Dieses Buch ist eine Einladung.
Es gibt einen ersten Überblick über ein vielschichtiges Thema und erste Beispiele, wo und wie wir Wünsche-wirksam werden können. Damit ist das Anthropozän natürlich längst nicht zu Ende gedacht und die „Blaue Murmel" längst nicht auf Hochglanz poliert. Wir wollen gemeinsam loslegen und unser Wissen wachsen lassen: um neue Gedanken, Einfälle und Lösungen für unsere „Zukünfte".

WErde wieder wunderbar im Web
Die eigens eingerichtete Internetseite www.werdewiederwunderbar.com wird sich nach und nach mit ergänzenden Informationen zum Anthropozän füllen.
Zusätzlich will sie Wissen sammeln – mit der Möglichkeit, jederzeit eigene Ideen und Projekte einzubringen. So verschmelzen „Mutmachen" und „Mitmachen" auf einer gemeinsamen Plattform. Und jede Idee trägt ein Stück weit dazu bei, unsere sprichwörtliche Welt zu retten.

WUNDERBAR DUSCHEN
... mit dem 2-Minuten-Duschsong

Wir schubi-dubi-duschen
für unser Leben gern.
Hallo, Genuss
von Kopf bis Fuß.
Du Zaubersauberguss ...

Wasser ist kostbar.
Wasser ist knapp.
Knapp wie nie.
Dinosaurierpipi!

Wir do-re-mi-fa-sollen
es nur ganz sparsam tun.
Doch wenn es schäumt,
sind wir verträumt.
Verseift, Halbzeit versäumt ...

Wasser ist Wunder.
Wasser ist Wert.
Wer es verschwendet,
macht was verkehrt!

Drum scha-la-la-la-lalten
wir dieses Lied ganz laut.
Und klingt es aus,
müssen wir raus.
Ciao, Brause, und: Applaus ...

Ob warm, ob kalt –
2 Minuten, dann: halt.
Ob drip, ob drop –
2 Minuten, dann: stopp!

Bei der „Ersten Hilfe" für unseren Planeten bewährt es sich, Gewohnheiten zu hinterfragen und ein bisschen Bequemlichkeit aufzugeben. Wer etwa mit den Wasservorräten auf der Erde ins Reine kommen will, kann seine Duschzeit reduzieren. Auf Seite 25 erzählen wir von einer südafrikanischen Idee zum Wassersparen: spezielle Songs, die ein Gefühl fürs genau richtig lange Brausen in heißen, trockenen Sommern geben. Hier eine eigens für dieses Mutmachbuch kreierte Version. Song starten – rein in die Dusche – Wasser marsch – genießen – und beim „Stopp" tatsächlich wieder raus. Sauber!

Und Mitsingen ist ausdrücklich erwünscht ...

Ganz einfach zum Song:
mit diesem QR-Code oder auf
www.werdewiederwunderbar.com!

Ben(jamin)

Marty

Kurzwörterbuch des Anthropozäns

Anthropocene Working Group englisch für: Arbeitsgruppe Anthropozän; Gruppe von Wissenschaftler*innen, die zum Anthropozän forschen

Anthropozän Namensvorschlag für den stark von uns Menschen geprägten Erdgeschichts-Abschnitt seit den 1950er Jahren; als Nachfolger des Zeitalters „Holozän"

Artensterben Auslöschung von Tier- und Pflanzenarten (5. Artensterben: vor 66 Millionen Jahren durch Asteroideneinschlag; 6. Artensterben: aktuell durch uns Menschen)

artgerechte Haltung Berücksichtigung der natürlichen Verhaltensweisen und Bedürfnisse von Haus- und Nutztieren

Atmosphäre gasförmige Hülle rund um unseren Planeten

Biodiversität Vielfalt der Lebewesen; Artenreichtum

biologische Landwirtschaft möglichst naturnahe Form von Ackerbau und Viehzucht (im Gegensatz zur konventionellen Landwirtschaft)

Blaue Murmel, Blauer Planet bildhafte Bezeichnungen der Erde

Bodenlebewesen auch: Edaphon; Gesamtheit der im Boden vorkommenden Organismen (von Alge bis Zweiflüglerlarve)

Bodenschatz natürliche Ablagerungen von wertvollen Rohstoffen unter der Erde, im Gestein oder auf dem Meeresgrund

Dekarbonisierung Suche nach Alternativen zu kohlenstoffhaltigen Energieträgern

Energiewende Zeitpunkt, ab dem wir unsere gesamte Energie aus erneuerbaren Quellen beziehen

Erdgeschichte Entwicklung unseres Planeten von seiner Entstehung bis zur Gegenwart

erneuerbare Energie Strom, Heizung und Kühlung aus Energiequellen, die nicht versiegen bzw. sich laufend nachbilden (Wasser, Sonne, Wind, Erdwärme, Holz)

Fair Trade englisch für: fairer Handel; achtsame Zusammenarbeit mit Produzent*innen aus aller Welt

Fauna Tierwelt (vgl. Flora: Pflanzenwelt)

Foodsharing Teilen und Tauschen von überschüssigen Lebensmitteln

fossile Brennstoffe Erdöl, Erdgas, Kohle

Fußabdruck (ökologischer) Maßzahl für die Erdfläche, die eine Person für ihre Bedürfnisse oder die ein Produkt für seine Herstellung benötigt; kann auch für die gesamte Menschheit berechnet werden; Einheit: Globaler Hektar (gha)

Gentechnik Eingreifen in das Erbgut von Pflanzen und Tieren, um bestimmte Eigenschaften zu erzielen

Globaler Norden „reiche", hoch entwickelte Industriestaaten; ehemals: „Erste Welt"

Globaler Süden „ärmere" Entwicklungs- und Schwellenländer, vorranging in Afrika, Latein- und Südamerika sowie Asien; ehemals: „Dritte Welt" bzw. „Zweite Welt"

Große Beschleunigung sprunghaft zunehmender menschlicher Einfluss auf die Erde; als Startpunkt des Anthropozäns vorgeschlagen

grün oft gleichgesetzt mit „umweltfreundlich"

Grüne Lunge natürliche Strukturen wie (Regen-)Wälder, Moore und Ozeane, die große Mengen an Kohlendioxid aufnehmen bzw. Sauerstoff abgeben

Holozän allgemein anerkanntes aktuelles Erdzeitalter; Beginn vor 11.700 Jahren

Indigene, indigene Bevölkerung Ureinwohner*innen einer Erdregion; ehemals: „Naturvölker"

Industrielle Revolution massiver Anstieg der maschinellen Produktion vor 200 Jahren; ermöglicht durch die Erfindung der Dampfmaschine durch Thomas Newcomen bzw. ihre Weiterentwicklung durch James Watt

Jungsteinzeitliche Revolution menschliche Sesshaftwerdung vor 9.500 bis ca. 4.000 Jahren; Menschen als Bäuerinnen und Bauern

Klimagerechtigkeit Forderung nach angenehmen Temperaturen und zumutbaren Wetterlagen für alle, auf der ganzen Welt

Lärmverschmutzung übermäßige und dadurch unangenehme Beschallung, v.a. des öffentlichen Raums

Lichtverschmutzung unnötiger oder übertriebener Einsatz von künstlicher Beleuchtung

Magma flüssiges Gestein im Erdinneren; tritt z.B. bei Vulkanausbrüchen zutage

Mikroplastik winzig kleine und deshalb schwer zu entfernende Kunststoffteilchen

nachhaltig respektvolle Nutzung natürlicher Ressourcen, um sie für die Zukunft zu erhalten

Nationalpark großflächiges Schutzgebiet für Pflanzen und Tiere; meist mit wenig bis keinem menschlichen Eingreifen

Naturereignis ein plötzlicher und ungewöhnlicher Vorgang in der Natur, der von uns Menschen nicht beeinflusst werden kann (etwa: Lawine, Erdbeben, Flutwelle, Orkan, Vulkanausbruch)

Naturgewalt Kraft, die von den Elementen ausgeübt wird; auch: eine stark verändernde Kraft

Neobiota Pflanzen und Tiere, die sich durch menschliches Zutun verbreiten, wo sie eigentlich nicht heimisch sind

ökologisch, Öko umweltschützend; im Einklang mit der Natur

Ökosystem Gemeinschaft aus unterschiedlichen Lebewesen in einem bestimmten Lebensraum

Photosynthese chemischer Prozess, bei dem Pflanzen, Algen und bestimmte Bakterien Sauerstoff und Zucker erzeugen. Pflanzen nutzen dafür ihr Blattgrün - sowie Licht, Wasser und Kohlendioxid.

Recycling Wiederverwertung von Rohstoffen in Abfallprodukten

Regenwald Wald mit einer hohen Niederschlagsmenge

Renaturierung, renaturieren Rückverwilderung; Wiederherstellen eines natürlichen Urzustands

Ressource hier: Rohstoff; natürlich vorkommender Bestand eines Stoffs, der genutzt bzw. weiterverarbeitet werden kann

Sanfte Mobilität möglichst (umwelt-)schonende Fortbewegungsarten

Schutzgebiet speziell gewidmeter Bereich einer (Natur-)Landschaft, der möglichst unberührt bleiben soll

Seltene Erden Metalle mit extrem knappen Vorkommen

Sozialmarkt Supermarkt mit stark ermäßigten Preisen, für sozial benachteiligte Menschen

Technofossilien Teile von Plastik, Ziegeln, Beton oder Alu-Folie, die die „Versteinerungen" von morgen bilden werden

Treibhauseffekt Erderwärmung durch Ansammlung von Treibhausgasen in der Atmosphäre (natürlicher Treibhauseffekt im Gegensatz zum menschengemachten Treibhauseffekt)

Urwald natürlich gewachsener, ursprünglicher, „unberührter" Wald (im Gegensatz zum Nutzwald oder Forst)

versiegeln Bedecken von offenem Boden mit einer wasserundurchlässigen Schicht (Asphalt, Beton)

Wildnisgebiet Schutzgebiet

Ziele für nachhaltige Entwicklung englisch: Sustainable Development Goals (SDGs); 17 Maßnahmen für mehr Fairness auf der Welt: 1. keine Armut, 2. kein Hunger, 3. Gesundheit und Wohlergehen ... https://unric.org/de/17ziele

Stichwortverzeichnis

Impressum

Dieses Buch erscheint in der Edition NILPFERD.

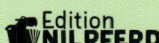
Edition NILPFERD

www.nilpferd.at
www.ggverlag.at
www.werdewiederwunderbar.com

ISBN 978-3-7074-5272-3

In der aktuell gültigen Rechtschreibung.
Hergestellt in Europa.
Papier aus verantwortungsvoll bewirtschafteten Quellen.

1. Auflage 2022

Text: Melanie Laibl
Illustration: Corinna Jegelka
Geleitwort und fachliche Durchsicht: Reinhold Leinfelder
2-Minuten-Duschsong: Liedtext: Melanie Laibl; Komposition: Mia Heck;
Produktion: Mia Heck & Walter Till, www.wt-audio.com
Grafische Gestaltung und Satz: studioback.at / Annett Stolarski
Gesamtherstellung: Imprint, Ljubljana

Treffen sich zwei Planeten. Fragt der eine: „Du siehst wunderbar aus. Wie machst du das bloß?" Strahlt der andere: „Ja, weißt du, ich habe Erdlinge. Und die tun mir richtig gut."

WEGWEISER

IN LEBENSWERTE ZUKÜNFTE FÜR ERDE UND MENSCHHEIT

- ERFORSCHUNG SAUBERER TREIBSTOFFE FÜR FAHR- & FLUGZEUGE
- SCHUTZ GEFÄHRDETER TIER- & PFLANZENARTEN
- FIXIERUNG DES MENSCHENRECHTS AUF EINE GESUNDE UMWELT
- VERBOT VON EINWEGPLASTIK & PFAND AUF ALUDOSEN

- NACHHALTIGES UMDENKEN IN DER LANDWIRTSCHAFT
- WELTWEITER STOPP DER ENTWALDUNG
- BESTRAFUNG VON VERBRECHEN AN DER NATUR
- HERSTELLUNGSSTOPP FÜR AUTOS MIT VERBRENNUNGSMOTOR

- ENDGÜLTIGER AUSSTIEG AU DER FOSSILEN ENERGIE
- SCHRITTWEISE ERHOLUNG DER BÖDEN & GEWÄSSER
- RÜCKGANG DES ROHSTOFF- ABBAUS DURCH RECYCLING
- WELTWEITER STOPP DES ARTENSTERBENS

HEUTE

IN 10 JAHREN

IN 20 JAHREN